ニッポン
政界語読本
単語編
ぼかし言葉から
理念の骨抜き法まで

イアン・アーシー 著

太郎次郎社エディタス

この教材を使用するにあたって

一　本書は、いわゆる「政界語」の**語彙**《ごい》の理解力を高めたい庶民の一助として編集したものです。

一　**政界語**とは、永田町を中心に分布し、「政治家」とその近縁種の「役人」とよばれる生きものたちが発する特殊な言語。日本語によく似た言語的特徴を有しながら、政界という不思議な環境で特異な発展を遂げてきました。結果として、日本語で聞き慣れない、日本語と微妙に意味の違う、あるいは日本語としてほとんど通じない表現も多くふくんでいます。そのため、正しく理解するには、日本人であっても、特別な訓練が欠かせません。なのに、その助けとなる教材や参考書は皆無といってもいいでしょう。それが本書および姉妹編の『ニッポン政界語読本【会話編】——無責任三人称から永遠の未来形まで』を世に問うゆえんです。

一　本書では、政治家が愛用する二種類の「異次元単語」をとりあげます。つまり国民をケムに巻くための**ぼかし言葉**と、国民をなだめすかすための**きれいごと**。用例を集中的に勉強することによって、こうした言葉たちにたぶらかされないための免疫力を身につけることが学習目標です。一方、本書の姉妹編では、政治家の会話術を見抜くのに必要な能力を身につけていただきます。

一　本書と姉妹編を通じて、歴代総理大臣や閣僚をはじめ、多くの政治家の方々★に教材のご提供をお願いしたところ、快く応じてくださいました。もとい、勝手にその発言を使っています。この場を借りて、心からお礼申し上げます。吹きだすしかない文例もたくさんふくまれていますので、その精神を大事に、「その言葉を笑って、その人を憎まず」という学習姿勢で臨みましょう。

一　「イアン・アーシー」というずいぶん怪しい名前の者が、いったいどういう資格をもって本書を書いたのか、といぶかしむ受講生もおられるのではないかと予想されます。申し遅れましたが、私は政界語研究の第一人者と自負しております（ひとりしかいないんで）。しかも、日本語を愛する、正真正銘のへんな外人です。それ以上の資格って、いりますか？

それでは、さっそく政界語の異次元単語たちに対面しましょう。

★＝教材提供者の肩書きはすべて発言当時のものとします

ニッポン政界語読本【単語編】目次

★教材提供者の肩書きはすべて発言当時のもの

レッスン3 その他のぼかし言葉……37

レッスン6 カタカナ言葉のスタンドプレー術……127

第1部

ぼかし言葉の基礎

総論

話をはぐらかすこととなると、政治家と官僚が並び称されることが多い。では、どのようなボキャブラリーを駆使して、そのすぐれた能力を発揮しているのでしょうか。第1部では、相手をケムに巻くのに便利な政界語の「ぼかし言葉」の基礎を勉強します。

もちろん、ふつうの日本語でも、ぼかし言葉はよく使われます。若者が好む「よかったかな、みたいな」や「ていうか」がその典型です。また、つぎのやりとりを考えてください。

——オレのこと好き?

——どうかしら?

この「どうかしら?」も、かなりぼかしていますね。

しかし、これらはいずれも、ある意味ではたいへん正直なぼかし言葉で、自分のアバウトさを隠そうとしません。

永田町や霞が関あたりで乱用されているぼかし言葉はまったく違います。中身が同じぐらいいいかげんなのに、その字面《じづら》があまりにも立派なものだから、多くの人をたぶらかすのにたいへん役に立ってしまいます。まじめな顔にパリッとしたスーツ姿のペテン師みたいなものです。よく勉強して、だまされないよう気をつけましょう。

では、そんなずるがしこいぼかし言葉たちが第一線で暗躍している用例をさっそく見ていきましょう。

レッスン0　あなたの政界語レベルチェック

はじめに、ぼかし言葉を見抜く能力を測るため、みなさんのレベルチェックをおこないたいと思います。

著名な政治家が、とあるぼかし言葉を記者会見で何気なく使っている文例を以下、紹介します。そのぼかし言葉は政治家たちが抜け穴を確保するのによく使うキーワードです。特定できますか？

背景

新型コロナウイルス感染症が猛威を振るうなか、東京オリンピック・パラリンピックを間近に控えたころ。大会中に感染を予防するため、選手や関係者が守るべき行動ルールをまとめた「公式プレイブック」というものが発表されていました。ところが、そのなかで示された感染対策ではとうてい不十分だと、アメリカの権威ある医学雑誌の論文で指摘されたのです。ある日、記者会見でその指摘について聞かれた菅義偉《すがよしひで》内閣の丸川珠代《まるかわたまよ》五輪担当大臣。

大臣の答えの切り出しが問題文です。

文例（レベルチェック用）

ありがとうございます。このご指摘の論文は、もう既に皆さん、取材でお読みいただいていると思いますけれども、私どもがきちんと読ませていただきましたところ、明確な事実誤認や誤解に基づく指摘が見受けられます。まず、明確な誤認についてですが、論文ではアスリートへの検査頻度が明確ではないとしていますが、プレイブックには、アスリートに対しては、原則として毎日検査を実施するということが明示してあります。

（二〇二一年五月二十八日）

解答の求め方

このなかに典型的なぼかし言葉が潜んでいますが、みなさんはわかりましたか？　いっしょに問題文を読み解いていきましょう。

選手の検査頻度がはっきりしないという論文の指摘を、丸川大臣は「明確な事実誤認」と片づけていますね。その根拠は、プレイブックに「原則として毎日検査を実施する」と「明示」してあること。当時のプレイブックを確認したら、たしかにそう記されています。

でも、ちょっと待ってください。「原則として毎日検査を実施する」とは、どういう意味でしょうか。意味の近いものを選んでください。

（1）毎日かならず検査をやる。

（2）いちおう毎日検査をやるようにするけど、毎日やらない場合もあるかも。

答えは（2）ですね。これで検査頻度は「明示」してあると言える？

まあ、丸川大臣だったら言えるらしい。そこが「原則として」の妙味なのです。具体的な数字や基準を示しながら、それに拘束されるのを避けるため、例外の余地をいくらでも残すことができます。一方、聞いている側は「原則」という重々しい響きに惑わされ、そのトリックになかなか気がつきません。とくに口のうまい政治家に言われた場合は。

というわけで、レベルチェック問題の正解は「原則として」ですね。お役人や政治家が好んで使う典型的なぼかし言葉なのです。

みなさん、正解できましたか？　正解できなかった方もだいじょうぶ、ご安心ください。本書での学習を終えたら、この手のまやかしを見抜く能力はしっかり身につきます。

原則として保証します。★

★＝ただし、返金・返品には応じかねます。

参考

プレイブックの英語版では「原則として」の部分はin principleとなっていました。例の医学雑誌の論文の著者たちはこのin principleをどのように解釈したのでしょうか。標準的な英英辞典でこのフレーズを調べてみましょう。定義はじつにおもしろい。

「理論上ありうるものの、現実にはそうなるともかぎらないことを示すのに使われる」

著者たちは「原則として毎日検査が実施されます」の「原則として」をこのようにとらえたにちがいありません。だからこそ、検査頻度が明確ではないと主張したんでしょう。この英語の定義はそのまま「原則として」にも当てはまりそうですね。

補足

会見では、丸川大臣はすらすらと反論を続け、論点のすりかえなどで論文が指摘した問題の核心をはぐらかすことにみごとに成功しました。しかし、厳しいようですが、これは大臣おひとりの手柄と認めるわけにはいきません。手元の原稿に目をやりながらしゃべっていたので、事務方が用意した回答と推測できます。論文を「私どもがきちんと読ませていただきました」とも言っていますが、「私ども」は多忙なご本人ではなくて、やはり事務方でしょう。また、反論の目玉のあの「原則として」は、プレイブックからそのまま引用したものでした。つまりこのケースは、丸川大臣の単独プレーというより、プレイブックをまとめたＩＯＣ（国際オリンピック委員会）と組織委（大会組織委員会）、そして行政・政治を挙げてのみごとな連携ぼかしプレーでした。

ところで、いざオリンピックがはじまろうとしたら、検査キットが足りなくて、一部の選手団は検査ができなかった日もあり、つぎの日に二度検査を受けた、なんていうハプニングがありました。これについて、「プレイブック上の問題はクリアしている」と組織委は主張したのです。「毎日やってないんだから、クリアしてないじゃないか」という受講生のみなさんのお気持ちはわかります。でも、大目に見てあげましょう。たしかに、厳密な意味では毎日やらなかったかもしれない。けど、原則としては毎日やりました。

レッスン1　例外を無限に拡大する「原則として」

ぼかし言葉「原則として」は例外を広げるのに、政治や行政のあらゆる場面で暗躍しています。五輪とは違う文脈で使われている文例も見てみましょう。

背景

東日本大震災とそれによって引き起こされた東京電力福島第一原子力発電所の炉心溶融と爆発事故の翌年、二〇一二年。当時の民主党の野田佳彦《のだよしひこ》政権にとっては、原子力への依存度を下げ、国民の不安を払拭するのが急務でした。そこで法律を改正して、原発の運転期間を四十年に制限することにしました。ただ……。くわしい解説は、当時、原発事故の収束および再発防止を担当した細野《ほその》豪志《ごうし》国務大臣に任せましょう。

文例

この運転制限の期間につきましては、**原則として**四十年以上の原子炉の運転はしないということにいたしまして、経年劣化の状況を踏まえまして、延長する期間において安全性が確保されれば例外的に運転を継続をするという形にしておりますが、そこは、科学的にしっかりと確認をした上で、申請に基づいてやるということでありますので、**極めて限定的なケース**になるというふうに考えております。

（二〇一二年六月五日、衆議院にて）

解説

国会の審議でよく聞くようなやたら長ったらしい一文ですが、少し噛《か》みくだいてみましょう。まず、「原則として四十年以上の原子炉の運転はしない」と「原則」を示してから、原則に従わなくてもいい条件が述べられています。「安全性が確保されれば、例外的に運転を継続をする」。ところで、例外的に運転をどのぐらい継続できるかというと、二十年延ばして、最長六十年まで、というものでした。ただ、これは「極めて限定的なケース」と最後にだめ押しをします。四十年を超えて運転を認められる原発はまずほとんどないだろう。そう思わせる慎重な言い方ですね。

受講者のみなさん。本気でそう思っておられるんだったら、まだまだ甘いと言わざるをえません。本書の熟読を強くお勧めいたします。

フタを開けてみれば、この「原則として」は「一応」以上の意味はなかったのです。

その後の展開

日本には運転開始からすでに四十年を超えた原発が二〇二三年時点で四基ありますが、二〇一二年末、自民党が天下を奪いかえしてからは、どれも運転期間の延長が認められました。いまなら五〇パーセント増量中、と言わんばかりに。

野党議員はこれを激しく批判しました。たとえば立憲民主党の横光克彦《よこみつかつひこ》衆議院議員は国会でこう食ってかかりました。

どうも…
原則として通行止め!!
バーン!!

野田総理や細野原発担当大臣は、それまでなかった原発の運転年数を、**原則として**四十年以上の原子炉の運転はしない、四十年を超えての運転継続は極めて限定的、例外的なケースに限られるとしていたわけです。ところが、どうですか。現在の政権になってから、延長申請のあった四基のうち、この四基が全て運転延長が認可されているんです。極めて例外的なケースといいながら、まるで例外がないような状況が続いているんです。

（二〇一八年十一月二十日、衆議院にて）

つまり、例外が原則にとってかわったようなものです。原発反対派からすると、たしかに由々しき事態でしょう。でも、横光議員はじつは、「原則四十年ルール」を成立させた野田内閣で、かつて環境大臣でもあった細野さんのもとで環境副大臣を務めた人物にほかなりません。「原則」を掲げながら、原発数基ぐらい余裕で通れるほど大きな大きな抜け穴をつくってしまったのは自分たちじゃないですか。

原則のなれの果て

運転期間は四十年までという原則は「例外」で骨抜きになっていったわけですが、こんどは例外まで骨抜きになるというちょっと不思議な現象が起きました。

岸田文雄《きしだふみお》内閣では、ふたたび法の改正をして、原発が停止している期間を運転期間から引けるようにしました。たとえば、原発が十年間止まったとしましょう。運転期間が「原則」の四十年から「例外的」に二十年延長された場合、止まっていた十年間を計算から除外するので、運転開始から七十年まで動かせるようになったのです。自民党には衆院比例代表候補の「七十三歳定年制」があるそうですが、たとえば民主党政権の三年間、落選中だった場合、生まれてから七十六年以内だったらセーフ（汗）、まだ立候補させてもらえるようなものです。

これじゃ、本家本元の四十年はずいぶん影が薄くなりますね。じっさい、改正案の審議で、原則と例外をひっくり返して、原則は六十年になるんじゃないかと、指摘する野党議員もいました。でも、岸田首相はまったく動じませんでした。

原則と例外について御質問ですが、原子力発電所の運転期間については、現行制度と同様に、今回の改正案においても、事業者から申請がなければ四十年であることを法律上明記しており、この点は全く変わりません。

（二〇二三年四月二十六日、衆議院にて）

ここまで形骸化しちゃっても、政界語では、「原則」はあくまで「原則」なのです。

応用

ぼかし言葉「原則として」が秘める可能性ははかり知れないものがあります。日本国のそれこそ原則を定めたものは日本国憲法にほかなりません。ところが、「原則」という言葉をじっさいに加えてみると、不思議なことが起きます。たとえば……

第二章　戦争の原則放棄

第九条

1　日本国民は、正義と秩序を基調とする国際平和を誠実に希求し、国権の発動たる戦争と、武力による威嚇又は武力の行使は、国際紛争を解決する手段としては、原則として永久にこれを放棄する。

2　前項の目的を達するため、陸海空軍その他の戦力は、原則としてこれを保持しない。国の交戦権は、原則としてこれを認めない。

日本は平和国家から、原則、平和国家になるわけですね。

二〇一二年以降の歴代自民党政権の防衛政策を見ていると、首相官邸所蔵の日本国憲法にはじっさいにこう書いてあるのかと疑りたくなります。

練習問題

日本国憲法のつぎの条文に、同じように「原則として」を加えて、各条文の趣旨を骨抜きにしなさい。

（1）ここに主権が国民に存することを宣言し、この憲法を確定する。（前文）

（2）すべて公務員は、全体の奉仕者であつて、一部の奉仕者ではない。（第十五条第二項）

（3）学問の自由は、これを保障する。（第二十三条）

（4）いづれかの議院の総議員の四分の一以上の要求があれば、内閣は、その召集を決定しなければならない。（第五十三条）

解答

（1）ここに主権が原則として国民に存することを宣言し、この憲法を確定する。

（2）すべて公務員は原則として全体の奉仕者であつて、一部の奉仕者ではない。

（3）学問の自由は、原則としてこれを保障する。

（4）いづれかの議院の総議員の四分の一以上の要求があれば、内閣は、原則としてその召集を決定しなければならない。★

★＝安倍内閣や菅内閣や岸田内閣は、憲法五十三条にほんとうにこう書かれているとでも思っていたのでしょうか。野党がこの条項に基づいてどんなに臨時国会の召集を要求しても、まったく相手にしませんでした。

とくに熱心な受講生、または改憲派のみなさんの場合、日本国憲法全体を同じ要領で書きかえてみてはいかがでしょうか。

レッスン2　判断の根拠を曖昧にするのに便利な「総合的」

つぎに、「原則として」と同じぐらいメジャーなぼかし言葉をもうひとつ学習しましょう。判断の根拠を曖昧にするのに便利な「総合的」です。さっそく、じっさいの用例を見てみましょう。

▼「総合的」の用法1

背景

二〇一五年七月。自衛隊による武力行使が可能な範囲を広げる「安保法制」の法案をめぐる激しい論争が、国会内外でくり広げられていました。この法案では、いわゆる「存立危機事態」が起きるなど、いくつかの条件がそろえば、自衛隊は武力行使（俗にいう「戦争」というやつ）ができると規定されたのです。

「存立危機事態」とは何かというと、「わが国と密接な関係にある他国」（ようするにアメリカ）が攻撃を受けて、それによって日本の存在まで脅かされる事態のことだそうです。それなら「存亡の危機」というこなれた日本語がすでにあるから、そう言えばいいのに、と言いたくなりますね。でも、政治家のみなさんは難解なお役所言葉を使わずにいられないようです。

安保法制を強力に、見方によっては強引に進める政府と、それに猛反対する野党。ある日、国会で、当時の安倍晋三《あべしんぞう》首相と野党民主党の後藤祐一《ごとうゆういち》議員は、法案をめぐってかなり大人げないやりとりとりを交わしました。
後藤議員は、邦人を乗せたアメリカの軍艦が公海上で攻撃を受けるというシナリオを描いたパネルを見せながら質問しました。安倍総理が「存立危機事態」の新設に代表される防衛政策の転換を国民に説明するために好んで使った事例です。しかし、このシナリオでは、日本自体がミサイル攻撃を受けているわけではない、と後藤議員は指摘して、だからじつは、武力行使が可能な「存立危機事態」に当てはまらないよね、と安倍総理に迫りました。
イエスかノーで答えられるかんたんな質問でした。でも、安倍総理がイエスかノーで答える気配はありません。後藤議員が質問したシナリオにはなかったいろいろとよけいな条件を長々と羅列してから、こう答えました。

文例と解説

状況を**総合的**に判断して存立危機事態に当たり得るということでございます。

後藤議員は「はっきりお答えください」と食ってかかって、シナリオを描いたパネルをもういちど示しながら続けました。

この中に描いていないことを条件に加えないでください。これについてお答えください。

答弁に立った安倍総理は、

存立危機事態を判断するに当たっては、さまざまな要素を考慮して**総合的**に判断するということは先ほども申し上げているとおりでございます。

とはじめ、えんえんと続けました。しかし、問題のシナリオが、いったい武力行使ができる「存立危機事態」に当てはまるかどうか、なかなか言いません。

そこで後藤議員はじれったくなったようで、

これが当てはまるかどうかと聞いているんですよ。

と例のパネルを示しながら茶々を入れました（不規則発言というやつですね）。

安倍総理はそれでもはっきり答えようとしません。

それは、当てはまるかどうかについては、まさに総合的に判断するのは、後藤さん、当たり前じゃないですか、それは。

そのとおり。確答をせず、まさに「総合的に判断する」と逃げるのは、政界語ではあたりまえ。

その後も、同じような答弁のくり返しでした。なかでも政治家のごまかしとして高い評価に値するのは……

状況を総合的に判断して、存立危機事態に当たり得るという説明をしているわけでありまして、こうした必要な条件を省いていけば、こうした必要な条件を省いていけば（ママ）、それは当たり得ないということも当然あり得るわけであります。

（以上、二〇一五年七月三日、衆議院にて）

《大意》総合的に判断して、当たり得ないということも当然あり得る。

どうしても断言をしたくないという切実な気持ちが痛いほど伝わる言葉ですね。

このやりとりで、安倍総理は「総合的に判断」というフレーズにおおいに助けられました。そのおかげで、いくら追及されても逃げきることができたのです。

安倍総理、たいへん参考になる教材のご提供、ありがとうございました。

政治家とその仲間たちはこのように、「総合的に」判断するなどとよく言います。ある状況でいったいどうするつもりか、言質《げんち》をとられるのを避けるのにたいへん便利なフレーズです。

▼「総合的」の用法2

ぼかし言葉「総合的」にはもうひとつ用法があります。こうすると決めたさい、その理由を説明するため、というより、説明しないために使われるのです。いろんな場面で役に立ちます。たとえば、いちいち理由を話したくない場合。いちいち話すのが面倒くさい場合。あるいはただたんに、自分でもよくわからない場合。

この用法を示す例文を見てみましょう。

背景

日本に不法滞在している外国人の人権問題が、ここ数年クローズアップされています。捕まったら、監獄のような収容施設に入れられたりします。長期収容で希望を失って、自傷行為や自殺に及ぶ人もいます。人道的な理由から施設外で生活するのを認める「仮放免《かりほうめん》」という制度もありますが、申請してもじっさいに通る収容者は少ないようです。

しかも、仮放免が却下された場合、その理由すら説明されません。なんで説明しないんだろう？　国会で入国管理局長がそう問われたことがあります。こう答弁しました。

文例

それまでの情状でありますとか請求の理由などの個別的な事情を考慮するほか、行政訴訟や難民手続などの進捗、あるいは送還に向けての出身国政府や大使館との交渉状況などを基に**総合的**に判断してその許否を判断しているところでございます。したがいまして、仮放免は被収容者をめぐりますもろもろの要素を考慮した上で決定しておりますので、**個別具体的に不許可理由を特定するということは困難**でございますし、かえってこれを告げることが当該被収容者の心情に影響を与えかねないということで、今後の処遇面での支障も考慮いたしまして不許可理由を明らかにしないという運用をこれまで行ってきたところでございます。

（和田雅樹《わだまさき》入国管理局長、二〇一八年六月十四日、参議院にて）

《大意》総合的に判断している結果、自分たちが仮放免を認めなかった理由を自分たちだってなかなか突きとめられない。しかもその（理不尽な）理由を本人に言ったら、当然とり乱すだろうから、教えてあげないことにしている。

解説

この事例はぼかし言葉「総合的」が決定の理由を説明するため、じゃなくて、説明しないためにもちいられている典型的なケースです。ここで仮放免の許否について「総合的に判断している」と言っているのは、「恣意的に判断している」の婉曲表現として使われていると考えていいでしょう。いや、日本は法治国家だから、そんなわけないですよね。ですよね。

「当該被収容者の心情に影響を与えかねない」から理由を言わないというのも、大胆な論理構成です。人権違反どころか、収容者のお気持ちに寄り添った対応、とでも言わんばかりでしょう。

▼「総合的」の変化形

つぎに、「総合的」のおもしろいバリエーションをひとつ見てみたいと思います。「総合的」が異様な進化を遂げて怪物化したものと言っていいでしょう。いわゆる日本学術会議任命拒否問題で一躍有名になったものです。

背景

日本学術会議の会員は、総理大臣が任命することになっています。従来、学術会議自体が推薦した候補を総理大臣がそのまま追認してきたので、総理の任命はたんなる形式でした。ところが、二〇二〇年九月、異変が起きました。菅義偉総理は推薦された百五人のうち、六人を任命しなかったのです。そこで学術会議に欠員が生じました。

総理のこの決断は物議を醸しました。任命されなかった六人は政府が以前に出した法案に猛反対した学者ばかりだったため、政権に逆らう学者の排除などと批判されました。

ほんとうは、なぜ任命しなかったのでしょう？　菅総理の説明は謎めいたものでした。

文例

日本学術会議については省庁再編のさいに、そもそも必要性をふくめてそのあり方について相当の、これ、議論がおこなわれ、その結果として、**総合的・俯瞰《ふかん》的**な活動を求めることになりました。まさに**総合的・俯瞰的**活動を確保する観点から今回の任命についても判断させていただきました。こうしたことを今後も丁寧に説明をしていきたい。このように思います。

（二〇二〇年十月五日、グループインタビューにて）

解説

「俯瞰的」とは、「高いところから全体を見下ろす」「鳥の目になって考える」という意味らしい。ただ、やたら硬い響きがあり、おまけに、なかなか漢字で書けません。

この「俯瞰的」で補強することによって、「総合的」のインパクトが倍増し、「恐れ入った」と言わせる効果が増します。総理が「丁寧に説明をしていきたい」と言っているぐらいだから、この難解な「総合的・俯瞰的」について、政府からなんらかの定義づけがあってもよさそうなものでしたが、マスコミや野党が追及しても追及しても、丁寧な説明の名に値するものはありませんでした。

▼「総合的」の変化形の拡張

首相の発言の翌日、加藤勝信《かとうかつのぶ》官房長官は記者会見で意味を問われました。

総合的・俯瞰的活動とは、これ具体的にどういったことを指しているんですか。

加藤長官はこう応じました。

文例

あの、まず日本学術会議が科学の向上発展を図り、行政・産業及び国民生活に科学を反映、浸透させることが目的とされているわけでありますから、その目的を果たしていただく上において**総合的・俯瞰的観点**からその活動を進めていただきたい、こういう意味でございます。

（二〇二〇年十月六日、記者会見にて）

《大意》総合的・俯瞰的活動とは、総合的・俯瞰的観点から活動を進めることだ。

解説

「総合的・俯瞰的活動」の意味は不明のままですが、「堂々めぐり」とは何か、みごとに例証できていますね。政治活動とは、政治をする観点からの活動。就職活動とは、就職する観点からの活動。火山活動とは、火山の観点からの活動。答えになっていないわけですが、政界語では答えになっていない答えがまかり通るのです。

「観点」という、加藤長官が加えた新たな要素にも注意しましょう。これが追加されたことで、

「総合的・俯瞰的観点」という、さらに拡張されたフレーズが誕生しているわけです。加藤長官のたいへんなお気に入りのようで、国会でこの問題がとりあげられたさいにも、おおいに活用しました。答弁で何回もくり返したのです。

> **総合的**、**俯瞰的観点**から活動を進めていただく（中略）**総合的**、**俯瞰的観点**から活動がなされていく（中略）**総合的**、**俯瞰的観点**から活動を日本学術会議が進めていただく（中略）会議そのものが**総合的**、**俯瞰的観点**から活動を進めていただく（中略）**総合的**、**俯瞰的**な活動を日本学術会議に期待をしている、そういう**観点**に立って任命は行っているわけであります（中略）あくまでも**総合的**、**俯瞰的観点**から日本学術会議に活動していただきたい（中略）**総合的**、**俯瞰的**な立場に立って日本学術会議が活動していただきたい、そういう**観点**から行ってまいりました。

これを受けて、ある野党議員が苦しまぎれになんとか隙《すき》を探りました。

> この**総合的**、**俯瞰的**というのは、一人一人の学者さんが、全員が**総合的で俯瞰的**でなければならないのか、それとも、会議全体として**総合的**、**俯瞰的**であるべきだという話なのか。官房長官、お答えください。

ソーグーテキ
ヘモンハトキモンハトハ
カハーー!
ソーゴーテキ
フカンテキ
カンテンカラー!!

しかし、とらえどころのない加藤長官でした。

日本学術会議が専門分野の枠にとらわれない広い視野に立って**総合的、俯瞰的観点**からの活動を進めていただける、要するに、学術会議が活動を進めていただける、こういう**観点**から任命に当たっての判断をさせていただいたということであります。

（以上、二〇二〇年十一月十一日、衆議院にて）

鑑賞

同じことばかりのくり返しで、加藤官房長官は壊れていて、修理に出したほうがいいのではと、心配になるぐらいです。しかし、心配はご無用。政治家として正常な機能を立派に保っています。「総合的、俯瞰的観点」の一点張りで、菅総理がいったいどうして例の六人の任命を拒否したのか、国民に丁寧に説明せずにすんだのです。

安倍元総理はこの場面を見て、きっとくやしがったでしょう。あのときにこう言えばよかったのにって。

まさに総合的、俯瞰的観点から判断するのは、国民のみなさん、あたりまえじゃないですか、それは。

応用

本レッスンの文例は実生活のいろんな場面でも参考になりそうですね。たとえば、かわいい彼女に「わたしのどこが好き?」と聞かれたら、「ぜんぶ好き」などと陳腐な台詞《せりふ》を吐かないで、「まあ、総合的に判断して」と言ってみてください。意外なリアクションが返ってくるかもしれません。★

★＝あくまでご自身の責任で発言してください。フラれた場合はいっさい責任を負いかねます。

練習問題

ふつうの日本語を政界語で言いかえてみましょう。

以下の問**1**〜**4**はそれぞれ短いダイアログです。総合的、俯瞰的観点から判断して、傍線部の日本語にもっとも意味の近い政界語を、続く選択肢の（イ）〜（ニ）から選びなさい。

1

（ふたりでラブホテルを出て）

女性　確認だけど、私たちってつきあってるよね？

男性　つきあってるというか……

女性　だから、つきあってるよね？

男性　まあ、つきあっているかもしれないし、つきあっていないかもしれない。

2

（おしゃれなカフェにて）

Aちゃん　わあ、おいしそうなスイーツいっぱいあるね！　わたしはレアチーズケーキにする。

Bちゃん　チョコレートパフェにしようかな？　抹茶ムースにしようかな？　苺のミルフィーユにしようかな？　悩むわ！

Aちゃん　早く決めてよ！

Bちゃん　だって、決められないもん！

3

子ども　ね、お母さん、宿題終わったから、ゲームやっていい？

お母さん　ダメ！

子ども　ええ、なんで?!

お母さん　ダメだからダメなのっ。

4

幹事　部長！　音頭をお願いします！

部長　はい！　それでは、みんな、日頃の業務、ご苦労さま。乾杯！

社員たち　乾杯！（ごくんごくんごくん）

幹事　（まわりを見まわして）あれ?!　部長、六人欠席ですよ。みなさん来ると言ってたのに。どうしてでしょう。

部長　あ、あの六人は生意気だから、来なくていいと言ってやったよ。

選択肢

（イ）個別具体的に不許可理由を特定するということは困難でございますが、総合的に判断してその許否を判断しているところでございます。

（ロ）まさに総合的・俯瞰的活動を確保する観点から今回のメンバーについて判断させていただきました。

（ハ）慎重を期して、今後の摂取方針について総合的に判断してまいりたいと考えております。

（ニ）状況を総合的に判断して恋愛成立事態に当たり得るということでございます。

解答

1（ニ）　**2**（ハ）　**3**（イ）　**4**（ロ）

レッスン3　その他のぼかし言葉

ここまで、「原則として」と「総合的」というふたつの表現を使ったぼかし方を集中的に勉強しました。政界の方々がどのようなボキャブラリーを駆使してみなさんをケムに巻いているか、コツをつかんだところで、政界語のその他のぼかし言葉をいくつか学習しましょう。

▼ぼかし言葉「特定」

まず、「特定」という名詞の、ぼかし言葉としての用途をとりあげたいと思います。『広辞苑』で「特定」を引くと、字面のとおり「特に定められていること」とあります。だから、ぼかすのにはやや不向きな言葉なのでは、と思われるかもしれません。しかし、そこはさすがに霞ヶ関・永田町あたりのおエライ方々。かれらの手にかかると、「特定」だってうやむやになるのです。

それをみごとに証明したケースをご紹介しましょう。

背景

二〇一三年秋。とある重要な法案が国会で審議されている最中でした。

文例

「特定秘密の保護に関する法律」（通称「特定秘密保護法」）

解説

これは、日本の安全保障にかかわる情報のなかでも、非公開でとくにデリケートなものを「特定秘密」として指定することを定めるものでした。そんな「特定秘密」を、取り扱っている公務員などが漏らした場合や、第三者が不正に取得しようとした場合に、懲役をふくむ厳しい刑罰に処せられる規定も盛りこまれました。

そこで、「特定秘密」にあたる情報を、それと知らずに手に入れようとすれば投獄されるんじゃないかとぞっとする人もいました。

そんな懸念をやわらげるためにも、「特定秘密」に指定される情報の範囲を「特定」するのはきわめて重要でした。その範囲を示す別表もいちおう法案についてはいました。ただ、特定の情報が「特定秘密」になりうるかどうかとなると、法案を担当した安倍内閣の森《もり》まさこ特命大臣でさえ迷いました。その結果、「特定」という言葉の「非特定性」を図らずも露呈してしまったのです。

当時、日本政府はアジア太平洋のほかの国々とＴＰＰ（環太平洋パートナーシップ協定）について交渉中でした。一方、法案には、外国の政府との交渉内容も特定秘密に指定できるものとしてリストアップされていました。

じゃ、ＴＰＰのような通商交渉の内容も特定秘密になりうるのか？　森大臣は記者会見でそう聞かれました。答えは……

文例
ＴＰＰについては**ならない**と思います。別表に掲げてあるような事項に該当するものであれば、**なる可能性もある**かもしれません。

《大意》ＴＰＰ交渉は特定秘密にならないけど、なるかも。

これじゃ、よくわかりませんね。記者も混乱したようで、「もうちょっと具体的に教えていただけますか」と再質問。森大臣にとっては、謎めいた回答の真意を説明するせっかくのチャンスでした。ＴＰＰ交渉を特定秘密にぜったいに指定しないんだったら、キッパリそう言えばいいのです。でも森大臣は、それどころか、さらにお茶を濁しました。

この法案に別表が掲げられておりまして、四つの項目立てをしております。それについて今後、有識者の御意見を聞きながら、更に細かい基準を定めていくのですが、そこでの御審議、また御検討の結果でございますので、**今私がここで入るとか入らないとかいう判断はできません**（後略）。

（以上、二〇一三年十月二十九日、記者会見にて）

担当大臣ご本人にとっても、個別具体的に「特定秘密」になりうる情報を特定するということは困難だったわけですね。

このブレた発言をきっかけに、範囲が曖昧すぎて、「特定秘密」が特定どころか不特定多数になるのではないかという懸念に拍車がかかりました。森大臣は火消しに必死で、「特定秘密」がいかに「特定」か、国会の審議で強調しだしました。

文例

秘密の範囲を限定しております（と両手で幅をせばめるゼスチャー）。（中略）別表に掲げる事項については、特定秘密の指定が適正に行われるように、単に防衛に関する事項とか外交に関する事項と大くくりに規定するのではなく、例えば「自衛隊の運用又はこれに関する見積り若しくは計画若しくは研究」という形で、さらに詳細に事項を限定して規定をしております。

（二〇一三年十一月八日、衆議院にて）

解説

たしかに、法案では、「防衛に関する事項」とかだけが書いてあったわけではありません。森大臣が指摘するとおり、さらに細かく規定されていました。でも、これにだまされてはいけません。「自衛隊の運用又はこれに関する見積り若しくは計画若しくは研究」なんて、「自衛隊についてのありとあらゆる情報」をまわりくどいお役所言葉に訳したものにすぎないのです。

しかも、法案では、同じ「防衛」の項目で、さらに九つもの事項が同じような堅苦しい日本語でダラダラと続いていました。

ロ　防衛に関し収集した電波情報、画像情報その他の重要な情報
ハ　ロに掲げる情報の収集整理又はその能力
ニ　防衛力の整備に関する見積り若しくは計画又は研究　云々

ぜんぶ引用したいのですが、受講生のみなさんが国会の先生方よろしく眠ってしまうといけませんので、このぐらいにしておきます。とにかく、防衛に関することで、この長～いリストにふくまれない何かが地球上に存在するとすれば、見てみたいぐらいです。

永田町では、限定しているようでほぼ限定していないものを「特定」というんですね。

ところで、法案の審議で、森大臣が「特定」という言葉自体をとりあげた場面もありました。法案の「テロリズム」の定義のなかには「政治上その他の主義主張に基づき」という文言が入っていました。それをこう解説しました。

文例

これは、条文に記載する場合には、例えば**特定の**主義主張に基づきという、その**特定の**というのは何かということをより厳密に書くために、政治上その他の主義主張というふうに書いてお

ります。

（二〇一三年十二月二日、参議院にて）

解説

「その特定のというのは何か」と説明がいると自分でも思っているぐらいですから、奇しくも「特定」という言葉の曖昧さを認めてしまったわけです。しかも、「政治上その他の」には無限の幅があります。「その他」には何でも入っちゃうので。森大臣の言うとおり、「政治上その他」が「特定」にくらべて「より厳密」だとすると、「特定」にはいったいどれだけの幅があるのでしょうか。

特定秘密保護法、もとい、不特定秘密保護法は二〇一三年十二月六日の夜に成立し、現在に至ります。

▼ぼかし言葉「適切」

つぎに、自分のとった行動、あるいはとろうとしている行動の是非や内容が問われた場合にうってつけのぼかし言葉を見てみましょう。政治家のみなさんが日頃からたいへんお世話になっている「適切」です。

少しさかのぼって、民主党鳩山由紀夫《はとやまゆきお》政権の官房長官・平野博文《ひらのひろふみ》さんに使い方の実演をお願いしましょう。

背景

自民党から政権を奪うまえ、民主党は内閣官房報償費、いわゆる官房機密費の使い方が不透明だと、歴代自民党政権をしきりに攻撃しました。当然、政権をとってからのみずからの官房機密費の使い方も注目されました。

文例と解説

官房機密費を管理するのが官房長官の仕事なので、矢面《やおもて》に立たされたのは平野官房長官でした。二〇一〇年三月、公明党の草川昭三《くさかわしょうぞう》参議院議員に、官房機密費について問いただされたのです。

新しく内閣になられてから、もう既にこれは使っておみえになるんですか。

平野官房長官はさっそく、ぼかし言葉「適切」を投入しました。

私は**適切に**判断をし、対応しております。

これじゃ使っているかどうか、はっきりしませんね。草川議員はさらに尋ねました。

それは、そういうことは使っていると認識してもいいんですか。

平野官房長官は同じことをくり返すだけでした。

適切に対応しております。

「適切に対応する」というモヤッとした言いまわしが具体的にどんなアクションを指すのかを見抜くのはほぼ不可能です。だからこそ、はっきり答えたくない政治家や官僚にこよなく愛されるのです。

草川議員は「しかってやって！」と言わんばかりに、委員長に訴えます。

委員長、これはちょっと明確に私の質問をお答えになってないから、答えるように言ってください。

しかし、平野官房長官が突然態度をあらためて、はっきりと「はい、使っています」とか、「いいえ、使っていません」とか言うわけがありません。モヤッとした言葉をもう一個加えただけです。

適切に対応し、**処理**をいたしております。

草川議員はその意味をただしました。

処理をするということを認められたということは、今後それは記録に残すということですか。

ここで「記録に残します」とか答えてもよさそうなものですが、それは庶民の感覚で、政界では通用しません。そのかわり、平野官房長官はまたもや「適切」をくり出したのです。

私は何回も申し上げておりますが、私の責任においてその目的にたがわないように適切に処理をさせていただいていると、こういうことでございます。（以上、二〇一〇年三月九日、参議院にて）

このやりとりで、鳩山政権も機密費を使っているんだろうなと、なんとなく伝わります。でも、「適切」のぼかし効果のおかげで、平野官房長官は明言を避けるのにみごとに成功しました。

ただ、明言を避ける必要はまったくなかったでしょう。使い方の不透明さは別にして、機密費を使うこと自体に何のやましいことはないので。「はい、機密費を使っていますよ」と認めたところで、辞職に追いこまれたり、逮捕されたりするわけじゃありません。

でも、やはり、いざ政権をとってしまったら、言葉を濁さなくてもいい場合でさえ、濁さずにいられなくなるのです。

平野官房長官、適切なご指導、ありがとうございました。

ポンポンポンポン！
適切に処理

▼ぼかし言葉「不適切」

「適切」は「ちゃんとやっているよ」とか、「ちゃんとなっているよ」とかいう雰囲気を漠然と出すぼかし言葉。では、まずいことを言ったりしたりしちゃった場合は、何と言ってごまかせばいいでしょう?

そうです。「不適切でした」。

こうはぐらかすことによって、具体的にどのようにまずかったのか、より真に迫った、核心をついた表現を使わずにすむのです。辞任せずにすむかどうかは別問題ですが。

「不適切」の適切な使い方を確認するため、用例のご提供はそれぞれ民主党政権と自公政権にお願いしましょう。

●――民主党政権の場合

背景

二〇一一年七月五日。菅《かん》直《なお》人《と》内閣の松本《まつもと》龍《りゅう》東日本大震災復興対策担当大臣が就任してわずか九日目に辞任しました。かなりまずい一連の問題発言の翌々日でした。

辞任の理由は「個人的な都合」と取りつくろいました。しかし、失言による引責辞任だったことは火を見るより明らかでした。
辞任の記者会見で、松本大臣はみずからの一連の発言について反省の弁を述べました。

文例

まず、被災者のことは、私は人一倍寄り添っているつもりでありましたけれども、言葉が足りなかったり、また荒かったりして、被災者の皆さんの心を痛めたことをまず本当にお詫びを申し上げたいと思っております。（中略）言葉が足りなかったり荒かったりしたのは、**不適切**だったなと思います。

（二〇一一年七月五日、記者会見にて）

解説

では、ここで「不適切」と形容されている言葉は、具体的にどんな言葉だったのでしょうか？

二日前の七月三日、東日本大震災で甚大な被害を受けた岩手県に赴き、県庁を訪れたさい。松本大臣はエラそうに腕を組んだまま、

おれ、九州の人間だから、東北が、何……何……何……何市がどこの県とかわからんの。

とおちゃらけました。私はカナダの人間ですが、日本の何市がどこの県かわからない場合は、地図帳で確認します。大臣、よかったらお貸ししましょうか？

岩手県知事との会談でも、大臣はずいぶんぞんざいな態度をとりました。

知恵出したところは助けますけど、知恵出さないやつは助けない。そのぐらいの気持ちをもって。

（二〇一一年七月三日、岩手県庁にて）

これで被災者に人一倍寄り添っているつもりでしょうかね。

同じ日に、やはり甚大な被害を受けた宮城県でも県庁を訪問しました。そこでさらに発言がエスカレートしました。

まず、応接室に入ったとき、知事がまだ来ていなかったことにむっとして、まわりにグチをこぼしました。

先にいるのが筋だよな。ね。お迎えするのがね。わからん。

数分後、知事が入ってくると、握手を拒否して、部下に指示するように言いつけました。

何でも相談にはのる。だから、しっかり、政府に対して、甘えるところは甘えて。こっちも突きはなすところは突きはなすから。そのくらいの覚悟でやってください。

具体的な復興対策の話になっても、命令口調を遠慮なく使いました。

県でそれ、コンセンサス得ろよ。そうしないとわれわれ、何もしないぞ。だからちゃんとやれ、そういうのは。

最後に、陸上自衛隊出身の知事を指さしながら叱責しました。

それと、いま、あとから自分は入ってきたけど、お客さんが来るときは、自分が入ってからお客さん呼べ。いいか？　長幼の序がわかっている自衛隊ならそんなことやるぞ。わかった？

知事が「はい」と答えると……。

はい。しっかりやれよ。いまの最後の言葉はオフレコです。いいですか、みなさん？　いいですか？

記者たちも「はい」と答えると……。

じゃ、書いたら、もうその社は終わりだから。はい、以上で～す。

（以上、二〇一一年七月三日、宮城県庁にて）

鑑賞

松本大臣はよほど自尊心の高いお方らしくて、ご自分に対する礼儀を空前の大災害からの復興と並ぶ重大な問題ととらえたようです。ただ、ちょっと勘違いしたみたいで、知事は大臣や政府の部下ではありません。県民の部下です。

二日後の辞任の記者会見で、松本大臣は「言葉が足りなかったり荒かったりしたのは、不適切だったな」と言いましたね。荒かったのはそのとおりでしょう。でも、足りなかったどころか、ひと言もふた言も多かったような気がしませんか？

日本語はたいへん語彙《ごい》が豊富なので、松本大臣のお言葉を形容するのにふさわしい表現には事欠きません。「思い上がった」とか「傲慢《ごうまん》」とか「横柄」とか「居丈高《いたけだか》」とか「高飛車」とか「不遜《ふそん》」とか「無礼」とか「威圧的」とか「いばりくさった」とか「夜郎自大《やろうじだい》」とか「オラオラした」とか「相手をディスった」とか「不謹慎」とか「言語道断」とか「開いた口がふさがらない」とか「聞き捨てならない」とか「勘違いがはなはだしい」とか、いくらでも思い浮かびます。そんな日本語の宝庫のなかから、大臣自身が選んだ表現は、「不適切」というピンボケした言葉でした。いかにも政治家らしい選定です。

●――自公政権の場合

「不適切」な発言で辞任した復興大臣がもうひとりいます。安倍晋三内閣の今村雅弘《いまむらまさひろ》さん。

背景

二〇一七年四月のパーティーでの講演のさい、今村大臣は東日本大震災について、こんなことを言いました。

これはまだ東北でですね、あっちのほうだったからよかったんで、これがもっと首都圏に近かったりすると莫大なですね、甚大な被害があったというふうに思っております。

（二〇一七年四月二十五日、自民党二階《にかい》派のパーティーにて）

まるで「あっちのほう」では莫大で甚大な被害がなかったかのように。

日本語という無尽蔵の宝庫のなかから、どのような表現を厳選してこの発言を形容すればいいのか、受講生のみなさんにお任せいたします。政界ではやはり、「不適切」という色あせた単語が選ばれました。

出席していた安倍首相は、発言のまずさに気づかないほど鈍感ではないので、さっそく火消しに乗りだしました。同じパーティーで挨拶に登壇すると、このようにわびたのです。

文例

まず冒頭ですね、安倍内閣の今村復興大臣の講演のなかにおきまして、東北の方々を傷つけるきわめて**不適切**な発言がございましたので、総理大臣としてまずもって、冒頭におわびをさせていただきたいと思うしだいでございます。

解説

問題の発言を二重のオブラートに包んでいるところに注意しましょう。「不適切」というぼかし言葉を使っているのはもちろんです。しかも、「今村復興大臣は講演のなかにおきまして、きわめて不適切なことをほざきました」などとストレートには言っていません。主語と述語を切りはなして、「講演のなかにきわめて不適切な発言がありました」とだけ言っています。ほんらい、生身の人間が主体的に発した言葉だったのが、いつのまにか無機質な「存在」になってしまっているのです。

同じ日のうちに今村大臣本人も謝りました。

文例

さきほどの講演のなかで、私のたいへん**不適切**な発言、表現につきまして深く反省し、みなさま方におわび申し上げます。申し訳ありません。（中略）私の**不適切**な発言でみなさま方を傷つけたことを深く深くおわび申し上げます。申し訳ありません。

しかし、このように頭を下げても、首はつながりませんでした。翌日には詰め腹を切らされたのです。こんどは菅義偉官房長官が「不適切」を投入する番でした。

文例

今村大臣についてでありますけれども、昨日の発言について、総理も述べられておりますように、東北の方々を傷つけるきわめて**不適切**な発言である、そして、大きく信頼を損なう、そのなかで、今村大臣自身は発言を撤回し、おわびするとともに、その責任を痛感されて、本日、辞表を提出されたというふうに思っています。

（二〇一七年四月二十六日、記者会見にて）

漠然と「不適切」と認めることで、政権は今村大臣の暴言によって巻きおこされた非難の嵐を乗りこえようとしたわけです。

▼ぼかし言葉「など」

最後に、政界語の究極のぼかし言葉をとりあげましょう。「原則として」が抜け穴を残すのにいかに使われているかは、すでに学習しましたね。じつは、行政としての裁量を拡大するのに、さらに効果的なはぐらかしワードがあります。しかもぜんぜん目立たないから、存在にすらなかなか気がつきません。
可能性を無限に拡げる「など」です。
用例も、それこそ無限にありますが、一例だけ紹介しましょう。

背景

二〇二一年五月。コロナ感染の拡大を食い止める対策の一環として、特段の事情がないかぎり、ほとんどの国からの外国人が入国できないことになっていました。なのに、開催を控える東京五輪の関係者だけがぞろぞろ入国していました。

その入国を許可する根拠は？　立憲民主党の長妻昭《ながつまあきら》衆議院議員が国会で、国が作成した資料を示しながら、政府を問いただしました。

例外は何かと聞きましたら、五ページにございますけれども、この(4)《かっこよん》、オリパラの方《かた》は、「特に人道上配慮すべき事情がある」、こういうようなことで入国しているということで、これで間違いないですか。

政府を代表して答弁したのは、出入国在留管理庁の丸山秀治《まるやまひではる》出入国管理部長。

お答え申し上げます。オリパラ関係者につきましては、準備、運営上必要不可欠な大会関係者につきましては、関係省庁と協議の上、公益性や緊急性を踏まえて、個別に特段の事情による入国を認めるところでございます。

この答弁に長妻議員は満足しませんでした。

いや、だから、五ページに、これは政府から配付いただいた資料で、この（4）《かっこよん》がオリパラの入国の根拠だと。つまり、「特に人道上配慮すべき事情があるとき」ということでいいんですか。

微妙に違ったようです。出入国管理部長は長妻議員の勘違いをこう解きました。

文例

お答え申し上げます。失礼いたしました。今先生お示しいただいたところの、「特に人道上配慮すべき事情があるとき**など、**」「**など、**」のところで読んでいるものでございます。

（以上、二〇二一年五月二十八日、衆議院にて）

解説と鑑賞

たしかに、長妻議員が示した政府資料には、「特に人道上配慮すべき事情があるときなど」とありました。それにしても、あの一見地味な「など」は、まさに魔法の言葉ですね。大勢のオリパラ関係者を入国させる効力が備わっていたとは。

こぼれ話

「など」は漢字で書くともちろん「等」になりますが、その音読みの「等《とう》」もやはり永田町や霞ヶ関界隈で重宝がられています。新型コロナウイルスの流行で、お役所言葉として生まれた「まん延防止等《とう》重点措置」が一時期、毎日のようにニュースでとりあげられ、日常語になりました。当時の菅《すが》首相もうまく言えず、「重点……まん延防止重点施策」とか、よく言いまちがえましたが。

しかし、「まん延防止等《とう》重点措置」の「等《とう》」はいったい何を指すのでしょうか。なくてもよさそうなものですね。菅総理もしょっちゅう抜かしてしまいました。でも、お役人には、あってもなくてもいいような「等《とう》」をぜったいに入れてしまう習性があります。できるだけ自分たちの権限を制限したくないのです。

それもあって、法律でも「等《とう》」が多用されます。法律名だってそう。「まん延防止等《とう》重点措置」を定める法律は「新型インフルエンザ等《とう》対策特別措置法」。でも、これは「等」がひとつしか入っていなくて、まだかわいいもんです。その三倍も入っているツワモノもあります。

重要施設周辺及び国境離島等《とう》における土地等《とう》の利用状況の調査及び利用の規制等《とう》に関する法律

そして、上には上があります。

偽造カード等《とう》及び盗難カード等《とう》を用いて行われる不正な機械式預貯金払戻し等《とう》からの預貯金者の保護等《とう》に関する法律

というのもあるのです。なんと、「等」が四つ！　驚異的な含有率ですね。上等なネーミングといえます。

とにかく、政府関連のありとあらゆる文書には、「等《とう》」があまりにも頻発するので、その使用を義務づけるマル秘の法律が存在するんじゃないかとうたぐりたくなります。だとしたら、こんな感じの名前でしょうか。

法律等及び行政文書等における「等」等の利活用等の義務化等及び利活用等回数増加等促進策等の特別措置等に関する法律（略して「等等特別措置等法」）

菅《すが》元総理はぜったいに言えないでしょう。

どうしてマル秘の法律かって？　そりゃ、特定秘密保護法の別表の（三）の（ニ）、「特定有害活動の防止の用に供する暗号」に該当するからでしょう。

応用

第一部では、政治家と官僚がどのようなボキャブラリーを駆使してものごとをうやむやにしているのかを見てきました。

もちろん、はぐらかしたくなるのは権力者だけではありません。われわれ庶民だって、たまにはそんな必要に迫られることもありますよね。たとえば、お酒が好きな人だと、健康診断で、お医者さんにちゃんと休肝日を設けているかと聞かれて、こう答えるかもしれません。

はい、**いちおう**日曜日を休肝日にしています。

これを政界語に訳すと、だいたいこんな感じになります。

定期休肝日の有無についてお尋ねがありました。私は原則、毎週日曜日を休肝日にしておりますが、やむをえない特定の事情がある場合などは、個人的な消費ニーズ、直近の需給バランス、全体的な社会的環境等々《とうとう》、種々の要素を総合的・俯瞰的観点から判断して、適切に対応の調整を図ることとしています。したがって、不適切な飲酒はないものと認識しております。

練習問題

では、これまで習得した政界語のぼかし言葉を応用して、練習問題にチャレンジしましょう。

《状況設定》

多くの国民が犠牲になっているにもかかわらず、長年日本社会で野放しにされている問題があります。ダジャレ、別名・親父ギャグ。

政府はその弊害に対処するため、ダジャレ規制法案を国会に提出することにしました。法案を担当する特命大臣（通称「ダジャレ対策大臣」）はあなたです。

それを前提に、つぎの問題に答えなさい。

《問1　並べかえ問題》

以下のカッコ内の語句を並べかえて、ダジャレ取締法にふさわしい正式名称をつくりなさい。ただし、不足している文字一字を補いなさい。

《ヒント》「ダジャレ」「親父ギャグ」「寒いギャグ」などは法文にふさわしくない砕けた言葉なので、堅苦しいお役所言葉に訳す必要があります。

［極超低温、救済、規制、による、発言行為の、及び、被害者の、中高年齢者、諧謔的《かいぎゃくてき》］に関する法律

《問2　長文問題　穴埋め》

あなたはダジャレ対策大臣として記者会見をおこなっています。以下はその記者会見の質疑応答です。空所に入れるのにもっともふさわしい政界語を、それぞれ左の（イ）〜（ヘ）のなかから選びなさい。

（イ）原則として　（ロ）総合的、俯瞰的観点
（ハ）特定　（ニ）適切　（ホ）不適切　（ヘ）など

Q　大臣、今回の法案の目的をお聞かせください。

大臣　そうですね。女性や大学生を中心に、多くの

国民が極超低温諧謔的《かいぎゃくてき》発言行為、いわゆる「寒いギャグ」の被害に苦しんでいます。たとえば、教育現場では、教師や指導教官の極超低温諧謔的発言行為が絶えず、ご機嫌をとるため、無理につくり笑いをしなければならない、こういうことは日常茶飯事です。それを精神的苦痛に感じる学生が多く存在することは、寄せられたさまざまなパブリックコメントから判明しています。そこで、本案のねらいは、過度の諧謔的発言の連発を抑え、罪のない一般国民をその被害から守ることにあります。

Q　悪質な違反の場合、激辛まんじゅう十個以下の摂取及び高級ガチャ百個以下の没収に処するという、きわめて厳しい罰則が盛りこまれています。憲法が保障するおふざけの自由に対する萎縮効果があるのではないかという指摘もありますが、いかがでしょうか。

大臣　そういったご指摘は当たりません。法律をふまえ、取り締まりをおこなう専門の捜査機関が設置されることになりますが、違反の捜査は①［　　］におこなわれるものと考えております。先日来おこなっているヒアリングや意識調査からもわかりますように、極超低温諧謔的発言行為に対する厳罰化については、中年男性の職場の部下や配偶者をはじめとして、国民の各層から幅広く支持されております。

Q　法律の規定が曖昧で、子どものダジャレなど、害のないものまで取り締まりの対象になるのではないかという懸念もあります。ほんとうに悪質な違反かどうか、どういう基準で判断していくことを想定していますか。

大臣　具体的には、②［　　］から判断するということに尽きる、こういうことでございます。

Q　どういう行為が違反になるのか、もうちょっと具体的に教えていただけますか。

大臣　法案では、つぎのように明確に定めています。

「極超低温諧謔的発言行為は、客観的に合理的な理由を欠き、社会通念上相当であると認められない場合③［　　］は、これを行ってはならない」

Q　わが国で一日に発せられるいわゆるダジャレの

数は膨大なものです。そのなかから、一定の基準を保ちながら、摘発の対象になるものを特定するのは至難の業と予想されますが、法律が恣意的に運用されることはないのでしょうか。たとえば、政府に批判的な学者のいわゆるダジャレだけをねらい撃ちにするようなことはありませんか。

大臣　一部のマスコミではそういった批判があることを承知しておりますが、法律のしくみを正しく理解した主張とはいえません。法案では、④［　　］の極超低温諧謔的発言行為を政令で掲げることになっており、そこに列挙されたものでないと、⑤［　　］摘発の対象にはなりません。

Q　とある会社の通販サービス「たのめーる」のCMで、ダジャレを多く採用しているものがあります。「たのめーるのデスク、とってもいいんですく！」とか「昨日頼んだついたて、もうついたって！」とか、法律のいう……ええと「極超低温諧謔的発言行為」に該当しそうです。こういうのも摘発の対象となるでしょうか。

大臣　個別具体的な事例についてはお答えを差し控えさせていただきたいと思いますが、悪質な違反でしたら対象となります。

Q　デーブ・スペクターは？

大臣　なります。

Q　一部週刊誌では、大臣ご自身が長年にわたって秘書に対してダジャハラをおこなってきたという疑惑が報じられていますが、事実でしょうか。また、事実だとすれば、ダジャレ対策大臣として適任だと、ご自身でお考えでしょうか。

大臣　私の過去のたいへん⑥［　　］な極超低温発言によって傷ついた方がおられるとすれば、心からおわび申し上げます。深く深く反省しております。申し訳ありません。責任を痛感しているからこそ、本法案の成立に邁進《まいしん》することによって職責をしっかりと果たしていきたいと思っております。

解答

《問1》中高年齢者等による極超低温諧謔的発言

行為の規制及び被害者の救済に関する法律
なお、補うべき一文字は「等」です。模範解答では「中高年齢者」のあとに補いましたが、つぎの語句のいずれか（またはぜんぶ）のあとに補っても正解とします。
《問2》
極超低温諧謔的発言行為、規制、被害者、救済
①（ニ）　②（ロ）　③（ヘ）　④（ハ）　⑤（イ）
⑥（ホ）

第2部

きれいごとの（無）意味論

総論

もちろん、政界語はお役所御用達のぼかし言葉ばかりではありません。政治家のみなさんはよく立派な言葉とか、かっこいい言葉も使いますよね。でも、どこまで意味がともなっているのでしょうか。

私の好きな四字熟語★に「羊頭狗肉《ようとうくにく》」というのがあります。お店の看板に羊の頭を掲げて高級なラム肉を期待させておきながら、じっさいには劣悪な犬の肉を売りつける。つまり表面こそ立派だが、中身はぜんぜん違う。

政界は羊頭狗肉のデパートみたいなものです。

それが第2部の学習テーマです。

★＝きらいな四字熟語なんて思いつきもしませんが。

レッスン4　崇高な理想の骨抜き法

愛はこのうえもなく美しいものです。そのぶん、ゲスの魂胆を隠す美名として使われやすい。こんな感じで……

きみを愛してるからこそ、あんな太りやすいポテチはぼくひとりで食べてあげたんだよ。

（ゲップ）

同じようなおためごかしは政界語でもよく見られます。社会として、人類として大切にすべき尊い理想は政治家に歪曲されたり、我田引水されたりする危険にたえずさらされています。そんな崇高な理想が無惨にも骨抜きにされるじっさいのケースをいっしょに見ていきましょう。

▼「平和」の骨抜き法

「よい戦争や悪い平和なんて、あったためしがない」という名言があるぐらい、いいことずくめの「平和」。平和がきらいな人、平和に反対の人、平和に慎重な人、平和がほんとうに世間で言われているほどすばらしいものかどうか再検討を要すると思う人など、めったにいないでしょう。平和はみんなに愛されていて、神聖なものです。古代ギリシアで女神として祀《まつ》られたのも無理はありません。

でも、この貴重な「平和」という言葉が政治家の口から出たら、気をつけたほうがいいですよ。その理由は？　文例を見ながら考えましょう。

文例

国際協調主義に基づく**積極的平和主義**のもと、日本は、米国と手を携え、世界の**平和**と安定のために、より一層積極的な役割を果たしてまいります。

（安倍晋三総理大臣、二〇一四年一月二十四日、施政方針演説にて）

解説

「積極的平和主義」は安倍政権が安全保障政策の基本理念として掲げたものです。

「平和主義」とは、「戦争をぜったいにしないで、あらゆる対立を平和的に解決しよう」という思想です。だから当然、安倍総理の言っている「**積極的**平和主義」は、「戦争をぜったいにしないで、あらゆる対立を平和的に解決する努力を**すすんで**しよう」という意味になるはずですね。

と思ったら、まちがいです。安倍政権が国際協調主義に基づく積極的平和主義のもと、米国と手を携え、世界の平和と安定のために、より一層積極的な役割をどう果たしていくことにしたかを見てみましょう。

まず、憲法の解釈を変更しました。それまでは日本が直接攻撃された場合に限って認められていた武力行使を、日本と「密接な関係にある他国」（ようするにアメリカ）が攻撃されても認められる場合もあるとしました。そして、それにあわせて、関連法を大幅に改正して、日本が武力行使をしたり、外国の軍隊を支援したりできる範囲を拡大しました。ところで、この大幅な法改正は「**平和**安全法制」といいます。

つまり、ひと言でいうと、日本がこれまで武力行使や、武力行使の支援ができなかった状況でも、できるようにしました。武力行使とはズバリ戦争です。平和の一種ではありません。

鑑賞

安倍政権のこの一連の政策が、厳しい世界情勢で日本国民の安全を守るために欠かせないものなのか、平和憲法を踏みにじるとんでもない暴挙なのか、議論の分かれるところです。ただ、たしかに言えることがひとつだけあります。

「積極的平和主義」とよぶのは、ふつうの日本語の感覚からはかなりかけ離れたものです。

戦後日本は「平和主義」を国是としていますが、それまでの武力行使の制限をゆるめたことで「積極的平和主義」になった、というのが安倍政権の論理です。じゃ、そんな制限がもともとなくて、アフガニスタン戦争にも派兵して百五十人以上の戦死者を出した私の国、カナダなんかは、もっと積極的な平和主義ということになるんでしょうか？　ましてや、アメリカがイラク侵攻でまったく無駄な戦争を引き起こしてしまったのは、積極的すぎた平和主義と言えばいいですか？

じっさい、ロシアのプーチン大統領ははっきりと「平和維持」と言って、ウクライナに侵略戦争をしかけました。そんなアグレッシブな平和主義はやめてほしいものですね。

　これとくらべるとずいぶんとかわいいものですが、安倍さんの掲げる「積極的平和主義」のどこが「平和主義」だというのでしょうか。むしろ、自国を武力で守るしかないこともありうるから、それに備えよう。そんな、ほとんどの国であたりまえな考え方を、平和憲法に慣れきっている日本国民にとって飲みこみやすくするため、甘い平和のオブラートに包んだものです。貴重な言葉「平和」は、戦後日本の平和路線の大きな転換を見えにくくする隠れみのに利用されたのです。骨抜きにされちゃって、平和の女神も泣いているにちがいありません。

「積極的平和主義」は、字面とほぼ正反対の意味をもつ、いわば自己矛盾語ともいえます。現実には、かなり消極的な武力主義を指すでしょう。できれば武力を使いたくはないが、いざとなればアメリカと組んで使っちゃう。

　過保護＝「積極的放任主義」

　このうえない危険な賭け＝「積極的事なかれ主義」

　浮気ぐせ＝「積極的禁欲主義」

　そう主張するようなものでしょう。

　受講生のみなさんも、よかったらひとつ考えてみてください。

□＝積極的□主義

いつのまにか不思議な言語空間に入っちゃいました。
「戦争は平和だ★」——あと一歩で、そんな言葉がまかり通りかねません。

★＝ジョージ・オーウェル著『一九八四年』より。

補足

先の文例で、安倍総理は「**国際協調主義**に基づく積極的平和主義」と言っていますね。「積極的平和主義」が日本の従来の平和主義から大きくずれるのと同じく、ここでいう「国際協調主義」も従来の「国際協調主義」から大きくずれています。ほんらいは憲法の前文にあるように、「平和を愛する諸国民の公正と信義に信頼して、われらの安全と生存を保持しよう」という姿勢です。でも、ここで言う「国際協調主義」とは、具体的に「米国と手を携える」ことを指すようです。台湾や朝鮮「有事」（＝戦争）などの場合でも。

ただ、露骨にそう言えば大騒ぎになるから、やはり「国際協調主義」という甘いオブラートに包みます。隣町のごろつきから地元を守るためと称して、池の向こうのケンカ自慢と自警団を組んで、「近所の助けあい」とよぶようなものでしょう。

こぼれ話

安倍政権の安保政策に対する大規模な反対運動からも明らかなように、「積極的平和主義」というごまかし言葉はかんたんに見抜かれてしまいました。しかし、「平和」という高い理想を同じぐらい骨抜きにしているのに、ほとんどの人に鵜呑みにされている語句があります。

「平和の祭典」。

オリンピックの枕詞としてすっかり定着しています。日本では。しかし、世界的に見れば、かならずしもそうではありません。私は英語圏の人間ですが、少なくとも英語圏では、「平和の祭典」と言われてすぐオリンピックを連想する人は多くないのではないかと思います。

なにしろ、オリンピックはスポーツの祭典なんだから。それ自体はけっして悪いことではありませんが、「平和の祭典」だなんて、さすがに買いかぶりでしょう。第一、オリンピックによって緊迫した国際情勢が緩和されたり、戦争が避けられたりしたためしがありますか。それどころか、戦争のせいでオリンピックが中止になったことすらあります。

政界語でも、「平和の祭典」という言い方はたいへん好まれます。政府与党は、二〇二〇年東京大会を控えて、べらぼうに高い開催費などを正当化する錦の御旗《みはた》としてさかんに使いました。でも不思議なことに、野党だって、コロナ禍のなか、開催そのものに反対していても、「オリンピック＝平和の祭典」という空虚な方程式にだけは何の疑問ももたなかったのです。

文例

オリンピックというのは**平和の祭典**じゃないんですか。オリンピックでクラスターができたり、日本中で医療崩壊、今のように五十人、百人、一日で亡くなっているかもしれない中で、**平和の祭典**ができますか。

（立憲民主党の山井和則《やまのいかずのり》衆議院議員、二〇二一年五月十日、衆議院にて）

平和の祭典
……
へいわのお祭りっ
積極的平和主義～♪
ラララのラー♪

できるようですね。

「平和の祭典」というお題目の前では、与党も野党もありません。

▼「民主」の骨抜き法

戦後日本で「平和」と並ぶ大切な価値の「民主」。右から左まで、すべての政党が等しく奉ずる共通の理想です。ほかの主義主張がどんなに激しく対立していても、民主主義反対の政党はひとつもありません（建て前では）。だから逆に、「民主」という言葉はそれぞれの政党の差別化にあまり役に立たないはずです。

なのに日本の政界では、不思議な言語現象が起きています。

つぎの基礎語彙《ごい》を声に出して読みなさい。

基礎語彙

自由**民主党**
立憲**民主党**
国民**民主党**
社会**民主党**

解説

二〇二三年の時点で、国会で議席を持っている政党はぜんぶで十一党です。そのうち、以上の四党（約三六パーセント）は「〇〇民主党」というネーミングです。さらに、立憲民主党と国民民主党の元をただせば、母体はかつて政権をとっていた、修飾語なしの「民主党」。

おまけに、立憲民主党も国民民主党も、投票用紙の略称を同じ「民主党」としています。その結果、比例代表で「民主党」と書かれた投票用紙は、「立憲」「国民」のそれぞれの得票率におうじて両党に振り分けられるというへんてこりんな話になりました。そこで場外乱闘になるんじゃないかと、私なんかちょっと心配しています。というのは、自民党までしゃしゃり出て、こんなことを主張できそうだからです。

うちにもその票の一部ちょうだい。うちだって「〇〇民主党」だから。

とにかく、両党がたがいに区別できるような略称を決めるのはごくかんたんなはずです。「立民」と「国民」とか。「憲民」と「民民」とか（「民民《ミンミン》」はパンダの名前みたいで、それだけでけっこう票が入りそう）。でも、ライバルの政党とごちゃ混ぜになるリスクをおかしてでも、「民主党」と名乗りたい気持ちが強いようです。

もちろん、海外にも「民主党」や「〇〇民主党」という名前の政党はたくさんあります。アメリカの「民主党」は有名です。また、私の国のカナダには、左寄りの「新民主党」があります。

でも、日本ほど「〇〇民主党」が乱立している国はめずらしいのではないでしょうか。日本の政党はたがいに切磋琢磨して、少しでもより民主的になろうと競いあっているということでしょうか。

たしかに、麻生太郎財務大臣兼副総理はかつて、与野党をひっくるめて、日本の民主主義をこう自賛したことがあります。

日本の民主主義の成熟度合いが他国に比べてはるかに進んでいたと、堂々と後世、歴史に語って構わぬところだ（後略）。
（二〇一四年三月四日、参議院にて）

しかし、名前に「民主」があるからといって、ほんとうに民主的とはかぎりません。

国名で考えましょう。現在の世界で、完全な民主主義と評価される国のなかで、正式国名に「民主」が入っている国はひとつもありません。ほとんどが「共和国」だったり「王国」だったりします。私のいちばんのお気に入りは「ルクセンブルク**大公国**《たいこうこく》」です。あのレトロ感がいいですね。南米の「ウルグアイ**東方共和国**」も意外性があって魅力的です。

一方、「民主」と自称する国はだいたい、とんでもない独裁政権や人権侵害大国だったりします。その最たるものは「朝鮮**民主主義**人民共和国」でしょう。

では、日本の「〇〇民主党」はどうでしょう？　名実ともに「民主的」でしょうか？　検証してみましょう。

●――検証1　自由民主党の場合

まず、「自由民主党」を例にとってみましょう。欲張りにも、「民主」だけじゃなくて「自由」というふたつの崇高な理想を名前に掲げています。掲げている以上、自民党のみなさんはふたつともちゃんと守っているのかな。

このネーミングの重みを自覚しているのは確かなようです。いちおう。ときどきこんなことを言ったりするので。

自由民主党ですから。**自由**な言論、**民主的**な政治制度、それによって、国民の幸せを追求していこうというのが、わが**自由民主党**ですから。

二〇一五年六月三十日、自由**民主**党の大西英男《おおにしひでお》衆議院議員が記者団とのやりとりで発した言葉です。しかし、これだけではもちろん、「自由民主党」は民主主義の鑑《かがみ》だなどとはかならずしも言いきれません。全体の文脈を無視して、発言のつまみ食いをするのはよくありません。大西議員自身が同じ場で指摘したように、

都合のいいところだけ編集して、まったく本人の意図と違うような報道のしかたっていうのがきわめて多いんだよ。

そこで、ご本人のお気持ちを尊重して、大西議員が「自由民主党」という名称の構成要素を解説した全体の文脈をひもときましょう。

じつは、いま紹介した言葉は、数日前のみずからの問題発言がちょっとした騒動を引き起こしたことを受けての言葉でした。その問題発言こそ、「自由民主党」のみなさんの言動がいつも「民主」の名に恥じないものかどうかを検証する格好の参考文例となります。

検証用参考文例

マスコミを懲らしめるには、広告料収入がなくなるのがいちばん。安倍晋三首相も言えないことだが、不買運動じゃないが、**日本を過《あやま》つ企業に広告料を支払うなんてとんでもない**と、経団連などに働きかけしてほしい。

解説

二〇一五年六月二十五日、自由**民主**党の勉強会での発言です。出席したほかの自由民主党所属議員からも同じような発言が飛びだしました。みんなでマスコミをやっつける妄想に耽《ふけ》って、おおいに盛りあがったようです。

ところが、これが裏目に出て、というより表に出て、出席した議員たちは逆にマスコミや野党に吊るし上げられる羽目になっちゃいました。そこで、数日後、大西議員は取材に応じて、「誤解」を受けたと主張し、「真意」を説明しました。その流れで、さっきご紹介した、「自由民主党」の名称にこめられたふたつの価値に関する誇らしげな言葉が出たのです。
さて、この「マスコミを懲らしめる」発言ははたして、「民主」と自称する政党の一員にふさわしいものだったのでしょうか。言いかえれば、与党の一員として、マスコミを懲らしめようとかますのは、民主主義的な発想でしょうか。受講生のみなさんはどう思いますか？
本人はイエスだと思っているらしいです。取材陣とのやりとりで、

私はきわめて民主主義的な考え方をもってます。

と言っているぐらいだから。しかも、「民主主義社会の根本」として、言論の自由や表現の自由を挙げて、大切にする姿を演じています。
かといって、「懲らしめる」発言自体を撤回したわけではありません。それどころか、敵意をむき出しにして、その趣旨をくり返しています。

懲らしめようという気はあるんですよ。あるんですよ。一部マスコミですよ。だって社会的制裁を受けていないじゃないですか。

きわめて民主主義的な考え方と、マスコミを懲らしめようという気。これらは一見、矛盾しているように見えます。でも、大西議員自身のなかでは、おそらくぜんぜん矛盾していないのでしょう。

マスコミを直接規制しようなどというような無粋なやり方を考えているわけではありません。むしろ、言論の自由や表現の自由の建て前を保ちながら、気に入らないマスコミをなんとか黙らせる方法はないか。そんな漠然とした願望があって、あんな言葉が出たのでは。それは大西議員的には、**きわめて民主主義的なマスコミの懲らしめ方**にちがいありません。

ただ、堂々と反論するのではなく、「マスコミを懲らしめる」という発想自体が、多くの人にちっとも民主主義的なやり方に映らなかったからこそ、非難の嵐が起きたのです。とくに広告収入を利用してマスコミを操ろうとするのは、ロシアのプーチン政権に代表される、二十一世紀の専制政治の手法そのものです。やはり、「自由民主党」の議員がこう啖呵《たんか》を切ったのでは、せっかくの立派な党名は嘘っぽく響いてしまいますね。

ところで、自由民主党の方々が高尚な看板とは裏腹に、報道の自由を脅かしているんじゃないかと人びとをぞっとさせたのは、この一回きりじゃありません。似たようなことがたびたび起きています。同じ二〇一五年に自民党がテレビ局二局の経営幹部を呼びつけて、個別の番組について事情聴取をしたとか。前年の衆院選に先駆けて、「公平中立」な報道を求める文書をテレビ各局に送りつけたとか。

これじゃ、「不自由非民主党」といじられても文句は言えませんね。

●――検証2　立憲民主党の場合

では、二〇二三年の現時点で第一野党の座を占める「立憲**民主**党」はどうでしょうか。

個人的には、たいへん気に入っているネーミングです。私は歴史オタクのはしくれで、この党名が発表されたときには、あまりのうれしさで飛びあがりました。明治・大正・昭和初期の「立憲政友会」や「立憲同志会」や「立憲民政党」みたいじゃないですか。受講生のみなさんのなかにも、これで興奮する歴史オタク仲間はおられますか？

まあ、それは置いておいて、立憲民主党の所属議員の方々はその名称どおり、いつも民主的な言動に徹しているのかな。

つぎの検証用参考文例を見るかぎり、類似名の「自由民主党」ほどじゃないにしろ、報道の自由に関して不安がまったくないわけではなさそうです。

検証用参考文例

それから、近年の、このかんのテレビ報道や情報ワイド番組が、ほんとうに政治の公平性や、任期満了に近づくこの政治状況のなかで、自民党一色になってるっていうことに対する懸念はありました。**具体的な番組を上げて、いろんな話はチェックをさせてもらおう**ということと、場合によってはＢＰＯ★への対応というのは考えていかなければならないというふうに思っております。（中略）**われわれも黙って見過ごしているわけじゃありません。個別の番組についてチェックはさせてもらう。**チェックをするのはよくないけども。

★＝放送倫理・番組向上機構。政治介入を排除するため、放送界が自主的に視聴者からの苦情に対応する組織。

解説

二〇二一年九月十五日、立憲民主党の安住淳《あずみじゅん》国会対策委員長が記者団に語った言葉です。衆議院の任期満了にともなう総選挙が迫っているのに、マスコミのほうは自民党の総裁選ばっかり報道している（ふくれっ面）。自分たち冴《さ》えない野党にかまってくれない（泣）。安住さんはそんなことを愚痴っています。

立憲民主党として、自分たちをかまってもらえないからくやしいという安住さんのお気持ちはわかります。でも、自民党総裁選は事実上首相を決める選挙であり、視聴者の関心がきわめて高い。一方、安住さんの話に興味のある人っている？　個別の番組をチェックして、「場合によっては」（つまり気に入らない場合？）お門違いの機関に対応を求めるぞと脅すのは、「民主」と高らかに自称する政党のやり方でしょうか。本人だって「チェックをするのはよくないけども」と言っているぐらいだから、民主的な良心が一瞬とがめたのかな。

検証結果

いかがでしたでしょうか。日本のふたつの代表的な「〇〇民主党」を検証した結果、それぞれの所属議員の言動はかならずしも「民主」の名にかなっているわけではないことが判明しましたね。これじゃ、不当表示にあたらないのかな。自党がじっさいのものよりも著しく優良であると示しているわけだから。そのうち「改良民主党」とか「特大民主党」とか「スーパー民主党プラス」とかが出てこなきゃいいけど。

それはそうと、本節の冒頭でふれたように、「民主」は戦後日本の政治体制の基礎で、どんな政党も共有している理想です。つまり、「民主党」を名乗らなくても、軒並み実質的に「民主党」じゃなきゃだめでしょう。

では、「民主」であることは言うまでもないのに、あえてそれと名乗っている政党が多いのはいったいなぜでしょう。「社会民主党」は別として、「自由民主党」「立憲民主党」「国民民主党」そしてかつての「民主党」の場合、どれもこれも、もともと同床異夢の野合で、構成員全員が共有できる建て前はせいぜい「民主」という日本政治の最大公約数ぐらい。そのためじゃないかなと勘ぐりたくなります。

民主主義への情熱を張りあっているわけじゃないことだけは確かでしょう。

▼「多様性」の骨抜き法

ここ数年、日本でも「多様性」がさかんに叫ばれています。人間が種々雑多で当然。違いを尊重しあおうという考え方ですね。言ってみれば、烏合《うごう》の衆《しゅう》こそが社会のあるべき姿だという発想です。私もまったくそのとおりだと思います。じゃなきゃ、自己否定になります。見るからに異人の私がずっと日本に住んでいるんだから。

政治家のみなさんも「多様性」をよく口にするようになりました。このように。

文例

更なる成長のため、女性、外国人、中途採用者の登用を促進し、**多様性のある**職場、しがらみにとらわれない経営の実現に向けて、改革を進めます。

解説

二〇二〇年十月二十六日、首相になりたてほやほやの菅義偉さんがおこなった所信表明演説のひとくだりです。女性。外国人（ご指名ありがとうございます）。中途採用者。「多様性」の典型的な使い方ですね。

ただ、同じ時期に、菅首相の発言には「多様性」の破格の用法も認められます。つぎの例文をいっしょに読み解きましょう。

文例

任命を行う際には、総合的、俯瞰的な活動、すなわち、専門分野の枠にとらわれない広い視野に立ったバランスのとれた活動を行い、国の予算を投ずる機関として、国民に理解される存在であるべきということ、更に言えば、例えば、民間出身者や若手が極端に少なく、出身や大学にも大きな偏りが見られることも踏まえ、**多様性が大事だということを念頭に**、私が任命権者《けんしゃ》として判断をしたものであります。

（二〇二〇年十月二十九日、衆議院にて）

解説

何の予備知識もない人がすなおにこれだけを読めば、こう推測するんじゃないでしょうか。

「国がお金を出している機関があって、菅首相はそのメンバーを任命する権限をもっている。そこで、民間出身者や若手やさまざまな大学の人や、『多様性が大事だ』と言っているぐらいだから、きっと女性などもできるだけ多く任命するようにした」

ブッブー！　不正解です。すなおに読むからいけないのです。

レッスン2でとりあげた、まやかし効果抜群のぼかし言葉、「総合的、俯瞰的」もあわせて登場しますので、聡明なみなさんにはこの発言の政治的文脈がわかりますよね。日本学術会議任命拒否事件です。菅総理がここで言っている任命権者としての判断は、日本学術会議の会員として推薦された百五人のうち、政府の方針を批判したことのある六人の任命を拒否した判断を指します。

その六人には、女性一人もふくまれていました。現会員が一人も所属していなかった大学の教授もいました。菅首相の言語感覚では、「多様性」とは、こういう六人を排除した状態に当てはまるらしいです。

たしかに、この六人を引いたって、まだいろんな大学のいろんな専門家九十九人も残っているわけだから、多様だといえば多様かも。政府を派手に批判したことのない人たちがさまざまにそろっているという意味では。

▼「女性活躍」の骨抜き法

多様性のある社会（ほんらいの意味での）を築くには、女性の地位向上や社会進出が欠かせないでしょう。とくにここ十数年ぐらい、歴代内閣はこれを「女性活躍」と称して、強力に推し進めるポーズを見せてきました。たとえば……

文例

国、地方、企業などが一体となって、**女性が活躍しやすい環境**を整える。社会全体の意識改革を進めてまいります。本年採用の国家公務員から、女性の比率が三割を超えます。**二〇二〇年には、あらゆる分野で指導的地位の三割以上が女性となる社会を目指し**、女性役員などの情報の開示、育児休業中の職業訓練支援など、女性登用に積極的な企業を応援してまいります。

（安倍晋三総理大臣、二〇一五年二月十二日、施政方針演説にて）

鑑賞

私もこれに大賛成です。というか、日本に限りませんが、ず――――っと昔からほとんどの分野で男性が実権を握ってきました。その結果、世界がどうなったかというと、軍拡競争や戦争ばっかり起きて、地球環境や気候までめちゃくちゃにされてしまったじゃないですか。そこで、これ以上ものを壊さないように、世界中のオッサンたち★1はそろそろ引っこんで、ひたすら草むしりにでも専念し、世の女性たちに天下を譲ったほうがいいのかな（称して「性権交代」）。そんな気がしないでもありません。でも、これにはさすがに反発がありそうだから、とりあえず安倍総理が描いたビジョンを叶えて、女性がもっと社会で活躍できるようにするのはやはりいいことだと思います。みなさんはどう思いますか。

そのビジョンに沿って、「**女性活躍**担当大臣」が新設されました。「**女性活躍**推進法」も成立しました。

そして、いよいよ二〇二〇年になりました。さて、安倍総理がめざすと約束したとおり、それまでに女性があらゆる分野で指導的地位の三割以上を占めるようになっていたのでしょうか。

総理大臣としていちばん「女性活躍」を進めやすそうな分野の指導的地位で考えてみましょう。つまり行政府のトップに当たる閣僚。二〇二〇年には、ふたつの内閣、つまり安倍内閣バージョン4・2[★2]（最後の安倍内閣）と菅義偉内閣がありました。

前者は閣僚十九人中女性三人、後者は閣僚二十人中女性二人でした。

あれっ？「女性活躍」の金看板とは裏腹に、内閣では、女性はあまり活躍させてもらっていませんね。目標の三割を大きく下回っていました。

それでも、女性の数がひとつまえの内閣よりは増えていました。二〇一八年十月に発足した安倍内閣バージョン4・1[★3]は女性スーパーライト版で、女性閣僚は十九人中、片山《かたやま》さつきさんたった一人でした。案の定、「**女性活躍**担当」でした。

内閣発足後の記者会見で、安倍総理は片山新大臣をこう持ちあげました。

文例

旧大蔵省出身で、政調会長代理も務めた政策通であるだけでなく、フットワークも軽く、超人的なガッツの持ち主でもあります。今回、女性の入閣は一人だけですが、**二人分も三人分もある持ち前の存在感で、女性活躍の旗を高く掲げてもらいたい**と思います。（中略）今回、片山さつきさんに入閣をしていただき、一人ということになったのですが、**二人分、三人分、発信力を持って仕事をしていただける**と期待しております。

（二〇一八年十月二日）

鑑賞

片山さんはつまり、女性活躍を担当する大臣というより、女性として活躍してみせることを担当する大臣だったようです。しかも、その女性としての活躍を「二人分、三人分」期待されました。安倍総理は女性の閣僚の割合を人数ではなく、人数**分**で計算することにしたのでしょうか。お勤めのみなさんはこのやり口を応用できそうですね。

上司　（タイムカードを見て）一時間しか残業してないのに、どうして三時間って申告してるの？

雇われの身　はい。今回、残業をした時間は一時間だけですが、二時間分も三時間分も仕事をしました。ああ、疲れました！

上司　そんなふざけた数え方が通るとでも思ってんのか。クビだ！

雇われの身　どうしてですか？　内閣総理大臣がこんな数え方をしても国民はクビにしませんよ。

本題にもどりましょう。閣僚十九人のうち、女性は一人だが二、三人分の存在感。安倍総理の言葉からは、そんな不思議な数式が導かれます。

そういえば、同じ内閣の男性組のなかには、逆に一人前の活躍だってちゃんとできなかった大臣がいました。櫻《さくら》田《だ》義孝《よしたか》オリパラ大臣は、サイバーセキュリティ担当も兼ねながら、「自分でパソコンを打つということはありません」とか、USBメモリーについて「使う場合は穴に入れるらしいんですけれども、細かいことは私はよくわかりません」とか、漫才のボケとしか思えないような答弁をくり返しました。その挙句に同僚の自民党議員の政治資金パーティーに出席して、「（東日本大震災の）復興以上に大事なのは」その同僚議員だととんでもない失言をして、詰め腹を切らされてしまったのが落ちでした。

つまり、片山さんの女性活躍担当大臣に対して、櫻田さんは男性没落担当大臣といえるでしょう。二人分、三人分の存在感の女性閣僚と、せいぜい半人前の男性閣僚。これで内閣での女性のみなし割合が、人間一個をそのまま一人と数えた場合よりはやや高まるという勘定になるかもしれませんね。正確なパーセンテージの算出は受講生のみなさんにお任せいたします。

というわけで、鳴り物入りで掲げたわりには、歴代内閣は結局、女性活躍の推進を少なくともお膝元では、あまりできていません。「女性活躍」という、大切な意味がこめられた熟語をもてあそんでいるだけです。

★1＝はい、はい、私もふくめて。

★2＝正式には「第四次安倍第二次改造内閣」とよばれているらしいですが、これじゃ頭がこんがらがっちゃうので、バージョン番号をつけることにしました。

★3＝別名「第四次安倍第一次改造内閣」。

練習問題

では、練習問題に挑みましょう。穴埋め問題です。

以下の問**1**～**7**はそれぞれ短いダイアログで、空所がひとつずつあります。空所には、崇高な理想や大切な価値を表す言葉が入ります。ただし、ダイアログの文脈では、その言葉は本レッスンで勉強してきたように、ほんらいの尊い意味からはほど遠く、骨抜きにされたり我田引水されたりしています。

　空所に入れるのにもっともふさわしい語を左の（イ）～（ト）のなかから選びなさい。なお、本レッスンでとりあげていない言葉もふくまれています。

（イ）平和　（ロ）民主　（ハ）言論の自由　（ニ）女性活躍　（ホ）尊厳　（へ）多様性　（ト）プライバシー

1

運転席のお父さん　みんな腹減った？　何食べる？
お母さん　焼肉！
お姉さん　焼肉！
お兄さん　焼肉！
末っ子の妹　焼肉！
運転席のお父さん　じゃ、ラーメンに決まりだね。いいか、みんな。［　　］的に決定するとはこういうことだよ。ハンドルをだれが握っているか、ということに尽きる。

2

意地悪な野党議員　財務大臣にお尋ねいたします。バブル崩壊後の三十数年間、日本の借金はどんどんふくらみ、いまや世界最悪レベルの対GDP比二五〇パーセントを超えています。約四年をのぞけば、そのかん、ある政党がずっと政権を握っています。それは何という政党でしょうか。
財務大臣　債務責任政党の［　　］保護の観点からお答えを差し控えさせていただきます。

3

ヘトヘト奥さん　ワンオペ家事や育児、もう疲れたよ。あなたもスマホゲームばかりやらないで、たまには手伝ってよ！

ダメンズ旦那　おまえはうちの［　　　］担当だろう。一人だけだけど、二人分も三人分もがんばって、ジェンダー平等の旗を高く掲げてもらいたい。期待してるよ。

4

ぶらさがり記者　海外視察先で大規模な宴会が公費で開催されたと報道されていますが、これはようするに、国民の血税で派手な飲み会をされたということですか。

開き直り議員　たんなる飲み会というのは誤解です。現地の方々と交流し相互理解を深めるための、まさに［　　　］の集いでした。

5

レストランの勇敢な店員さん　（「暴力団排除宣言の店」のステッカーを示しながら）申し訳ありませんが、反社会的勢力の方の入店をお断りさせていただいております。

こわいヤクザのお兄さん　暴力団「排除」とは何だ?!　このクソ飯屋は、［　　　］のある共生社会の実現に逆行しやがるのか？

6

某総理大臣　私のアベコベノミクスを評価する声をぜんぜん紹介しないニュース番組はおかしいじゃないですか。

野党議員　総理、いまの発言はマスコミへの圧力ととらえられかねなませんよ。最高権力者がそんなことをおっしゃったんじゃ、報道はどんどん萎縮してしまいます。

某総理大臣　私の考え方を述べるということは、これはまさに［　　　］です。

7

とある政界語読本の読者　問**6**の「アベコベノミクス」はさすがにパロりすぎじゃないの？

とある政界語読本の筆者　いやいや、けっしてパロっているわけじゃありません。偉大な総理大臣が推し進めた経済政策の名前をそのまま使うのが恐れ多くて、ご本人の［　　］に配慮して、あえて修正を加えたんです。

解答

1（ロ）　**2**（ト）　**3**（ニ）　**4**（イ）　**5**（ヘ）
6（ハ）　**7**（ホ）

問題作成協力

問**6**の作成にあたっては、安倍晋三総理のつぎの発言を参考にさせていただきました。

しかし、私の考え方をそこで述べるということは、これはまさに言論の自由で。（二〇一五年三月三日、衆議院予算委員会にて。ニュース番組に生出演したさい、番組の編集が「おかしい」と批判したことについて）

安倍総理に多大なご協力をたまわり、この場を借りてお礼を申し上げます。

レッスン5 もふもふ言葉と見得切り表現

本レッスンでは、国民の歓心を買うため、胸キュンさせたり、スカッとさせたりする効果をねらった、空っぽな政界語を二種類とりあげます。「もふもふ言葉」と「見得切り表現」。

▼もふもふ言葉の代表選手

もふもふに会いにきてね！

この日本語に接して、みなさんはどういう気分になりますか。「もふもふ」って聞いただけで、思わず口元がゆるんで、なんとなく癒された気がしませんか？　ほんとうに気持ちのいい言葉です。ただ、結局口先だけに終わってしまって、肝心なもふもふに会えなかったら、がっかりですよね。

じつは、政治家たちも、もふもふ系の心地よい言葉をしょっちゅう使います。そのほうが、国民が与《くみ》しやすいのでしょう。うまくいけば、いい気分に浸って思考停止状態になってくれているあいだに、サラリーマン増税や老朽化した原発の再稼働でもできるかもしれません。

一方、国民としてはだいたい、肝心なもふもふに会えずじまいになるのが落ちです。

それでは、政界語のもふもふ言葉とは具体的にどういうものでしょうか。まずは、その代表格から見てみましょう。

つぎの文例を読んで、政治家が好むような、いかにも気持ちのいい言葉を探してみましょう。すべての文例に共通していますよ。

文例

私たち自民党には、右に偏った政治も、左に偏った政治もありません。あるのは、ただ現実の国民に寄り添う政治、それだけであります。
（安倍晋三総理、二〇一四年一月三十日、参議院にて）

公明党は、「大衆とともに」の立党の精神を胸に、どこまでも国民に寄り添った政策の実現のため、全力を挙げていく。
（石《いし》井《い》啓《けい》一《いち》公明党幹事長、二〇二〇年十月二十九日、衆議院にて）

私たち立憲民主党は、国民に寄り添う、地域に寄り添う政党です。
（泉《いずみ》健《けん》太《た》立憲民主党代表、二〇二一年十二月八日、衆議院にて）

解説

正解は「寄り添う」ですね。典型的なもふもふ言葉です。日本語の動詞のなかでも、人びとを気持ちよくさせる効果抜群といえます。「子どもに**寄り添う**母親」などというような表現からは、心温まる美しいイメージが自然とわいてきます。

そこで、宣伝のキャッチコピーでは、よく比喩的に「あなたに**寄り添い**ます」とか「お客様に**寄**

り添います」とか言います。「**よりそう**お葬式」まであります。「寄り添う」と言われただけで、自分がひじょうに大事にされている気になります。そしてキュンとしているうちに、思わず財布の紐をゆるめてしまいます……。少なくとも、それが「寄り添っている」側のねらいでしょう。ところで、私も受講生のみなさんに**寄り添って**本書を書いていることを申し添えておきます（この意味を汲《く》んでくださいよ★）。

先の三つの文例も、このマーケティング用法の延長線上にあります。それぞれの発言者の所属政党は違いますが、「国民に**寄り添っている**」と強調するねらいはいっしょ。みなさんの支持、ひいては清き一票を得ることですね。

問題は、政治家が国民に「寄り添う」と言った場合、具体的にどういう行為を指しているのか、ということです。もちろん、文字どおり国民ひとりひとりに寄り添ってきて体をスリスリさせるわけじゃありません。考えただけでキモいですね（私は国民じゃありませんので、スリスリされる心配はありませんが）。

キモいどころか、まったりしていていかにも心地よい響きの「寄り添う」ですが、政界語では、その心地よさばっかり前面に出て、中身はほとんどありません。というのは、為政者のみなさんはじっさいに施した政策とは関係なく、とりあえず国民に「寄り添っている」と平気で言う癖があるのです。

論より証拠。政治家に口先でもっとも「寄り添われている」国民はといえば……

文例

沖縄の方々の気持ちに寄り添いながら、できることは全て行うとの姿勢で取り組んでまいります。（安倍晋三総理、二〇一四年一月二十四日、施政方針演説にて）

同時に、日米の抑止力を維持しつつ、**沖縄の皆さんの心に寄り添い**、基地負担軽減に引き続き取り組みます。（菅義偉総理、二〇二一年一月十八日、施政方針演説にて）

政府としては、これからも、日米同盟の抑止力を維持しながら、**沖縄の皆さんの心に寄り添い**、基地負担軽減の目に見える成果を一つ一つ着実に積み上げてまいります。（岸田文雄総理、二〇二二年四月二十八日、衆議院にて）

解説

歴代政権が沖縄の方々の気持ちや心に具体的にどう接してきたかというと、多くの沖縄県民がくり返し示した反対の意思を押しきって、米軍基地の県内移転をゴリ押ししてきました（くわしくは本書姉妹編のレッスン1を参照）。

これを政界語では、「沖縄の方々の気持ちや心に**寄り添う**」と表現するわけです。日本の厳しい安全保障環境とか日米関係の不均衡とかを「総合的」に考慮して、県内移転以外の選択肢がほんとうにないとしても、それで沖縄の方々気持ちに「寄り添っている」のだと言い張るのは、慣れ親しまれている日本語の用法からかなりかけ離れているのでは？　心温まる言葉と冷徹なおこない。そのずれがあまりにも大きくて、人によってはギャップ萌えしそうですね。

ところで、言葉と行動は当然一致するだろうと思いこんでいるお人好しさんだったら、たとえば最初の文例では、安倍総理はこう言いたかったんだろうか、と勘違いするかもしれません。

米国防総省の方々の気持ちに寄り添いながら、できることは全て行うとの姿勢で取り組んでまいります。

結果的にそうなったわけですから。

あるいは、こう……

沖縄の方々を寄り切りながら、できることは全て行うとの姿勢で取り組んでまいります。

政府はずっと寄り切ろうと必死に力んでいるわけですから。

「寄り添う」と「寄り切る」を混同したんじゃないかという素朴な疑問ですね。たしかに、「寄り＋添う」や「寄り＋切る」みたいな複合動詞は私のような日本語学習者にとってはまぎらわしいものです。好きな人に「付き合ってください」のつもりで「抱き合ってください」と言っちゃったら、たいへんなことになるでしょう。相手が笑い飛ばしてくれればいいけど、突き飛ばすかもしれませんね。

でも、日本の歴代総理大臣がそんな日本語のまちがいを犯すはずがありません。やはり、じっさいにやっていることと何の矛盾も感じず、あるいは矛盾するとわかっていてもまったく気にかけず、「寄り添う」と言っているのです。

だから、国民に寄り添う政治家には気をつけたほうがいいですよ。寄り添いながら何をしでかすかわからないから。

★＝考えてみれば、ここに書いてもしかたがないですね。帯に書くべきでした。しまった！

▼その他のもふもふ言葉

「寄り添う」以外にも、政界語で使われている気持ちのいいもふもふ言葉はたくさんあります。用例をいくつかいっしょに見ていきましょう。

もふもふ度のそうとう高いものからはじめたいと思います。

●――もふもふ言葉「友愛」

文例

（自由と平等という）その両者をバランスを取る、そこに愛があると思っておりまして、博愛とかあるいは**友愛**という考え方、私はそれを現代流にアレンジすれば、自立と共生というものをうまくバランスを取らせる考え方が**友愛**だと、そのように考えております。

（鳩山由紀夫総理大臣、二〇一〇年二月四日、参議院にて）

《大意》不明。

解説

「友愛」って、懐かしいですね。鳩山首相がことあるごとに唱えた政治理念だったので、一時期はたいへん話題になりました。近ごろすっかり聞かなくなったのは、ちょっとさびしいかもしれません。

「フレンド」という意味の「友」と「ラブ」という意味の「愛」というふたつのほんわかした漢字が組み合わさっています。しかも半母音（ヤ・ユ・ヨの類）と母音（ア・イ・ウ・エ・オ）ばかりで、とてもやさしい響きの言葉です。でも、もやっとしていて、中身が理解できる人はほとんどいませんでした。

アハハー

文例では、鳩山首相はその概念を国会で説明しようとしています。友愛があれば自由と平等＝自立と共生のバランスがとれるみたいなことを言っているらしいのです。自民と共産を例にとれば、友愛をふんだんにかければ、自民党議員と共産党議員が泣きだしてスリスリ寄り添いあうということでしょうか？

鳩山政権の友愛政治の実績といえるものは結局、「友愛」という言葉の意味といっしょで、皆無でした。「友愛」関連でいちばん政治史に残りそうなのは、鳩山さんの資金管理団体「**友愛**政経懇話会」の偽装献金事件でしょう。寄付者の名前が適当に偽装されていて、寄付したと記載された資金を提供したのはじつは鳩山さんの超金持ちなお母さんや親族だった、というものです。なんという美しい友愛エピソードでしょう。ああ、そうか。むしろ「溺愛」か？

まあ、鳩山さんはちょっと浮世離れしていて天然なところがあることで有名です。現実主義に徹する自民党だったら、こんなゆるい概念を政策の看板に掲げるはずがありませんよね……と思いきや、そうでもありません。

●——もふもふ言葉「共感」

文例
一人一人の国民の皆さんの声に寄り添い、そして多様な声を真摯に受け止め、形にする、こうした信頼と**共感**が得られる政治が必要であります。（中略）イの一番に国民の皆様に、この岸田にお任せいただけるのかどうか、この御判断を頂き、可能であるならば国民の信任を背景に**信頼と共感の政治**を全面的に動かしていきたいと考えます。

（岸田文雄総理大臣、二〇二一年十月四日、記者会見にて）

解説

岸田総理が就任した直後の記者会見の一部です。

「寄り添う」がまた出てきましたね。声に文字どおり寄り添えば、肩すかしを食らって転倒しそうですが、その点は不問に付しましょう。しかし、ここでは「共感」という、思わずジーンときちゃう言葉に注目します。

「信頼と共感の政治」。岸田政権では一種のスローガンと化しましたが、じつは鳩山さんの「友愛」と同じぐらいもやっとしています。その証拠に、たとえば、

信頼と共感の政治はひと言でいうと友愛です。

とか、逆に、

友愛とは具体的に信頼と共感の政治です。

とか言っても、何の違和感もなく日本語として成り立ちます。どうして成り立つかというと、主語も述語もまったく中身がなくて、きれいに一致しているからです。

それにしても、共感してもらえるのはほんとうに気持ちのいいものですね。ただ、岸田総理がみなさんに共感するわけじゃありません。みなさんが岸田総理に共感するのです。「信頼と共感が**得**

られる政治」と言っているわけだから。共感を得るのは政権。得させるのはみなさん。できれば清き一票とともに。

岸田政権は思惑どおり、発足後に相次いだ衆院選と参院選で勝ったぐらいだから、しばらくは国民の共感をもらえたと言ってもいいでしょう。でも、物価高騰や旧統一教会との関係やマイナ保険証の拙速な進め方をはじめ、そのあとに頭をもたげたいろんな問題での対応があまりにも民意に鈍感だったので、「信頼と共感の政治」は早くも「不信と反感の世論」で挫折してしまいました。

共感してほしいんだったら、共感してもらえるだけのことをやらないとだめですね。

補足

「共感」の「共」という漢字ではじまる言葉で、なんとなく心地のいいものはほかにもあります。「共生」（鳩山総理ご提供の文例に既出）、「共存」、「共鳴」や「共創」などがそうです。ただ、「共」ではじまる単語はすべて当たりさわりのないもふもふしたものばかりというわけじゃありません。たとえば「共産」。多くの人（とくに保守派）の耳にさわる政界語ですね。

日本共産党はこの単語に対するアレルギーで、選挙のときにかなり損をしています。政策の中身とは関係なく、「共産」の二文字だけで票が逃げるし、保守派は大喜びでたたいてきます。そこで提案いたします。わずか一文字を変えて、「日本**共感**党」と改名して、「**共感**党宣言」を出してはいかがでしょうか。

●——もふもふ言葉「感動」

文例

被災地の皆様には、オリンピック、パラリンピックの持つスポーツの魅力や、障害を負った選手が最高のパフォーマンスを発揮する姿から得られる**感動**、勇気を感じていただければと思っております。（中略）初めからオリンピック、パラリンピックには関係がないということで注目されなければ、そうした**感動**も味わっていただけないわけでありますので、その**感動**を味わっていただけますように、私としては被災地とオリンピック、パラリンピックの距離を縮めていきたいと思っております。

（鈴木《すずき》俊一《しゅんいち》オリパラ大臣、二〇一九年四月十八日、参議院にて）

解説

本レッスンでとりあげてきた語彙はぜんぶ、なんとなく感動的なものですが、この文例で使われている感動的な言葉はずばり「感動」そのものです。

「感動」は「平和」と並ぶオリンピックの枕詞です。★「感動」って何なのか、なかなか説明できませんが、たしかに人生に大事なものでしょう。私だって、本書の教材を集めながら、政治家の口のうまさに感動しまくっています。

この文例は、鈴木大臣が「東京オリンピックを復興オリンピックとしてどのように成功させたいか」と聞かれて答えたものです。そう聞かれた以上、東京五輪と、東日本大震災の被災地の復興とをなんとか無理にでもつなぎあわせる必要があります。ふたつをくっつける接着剤は「感動」。それぐらいふわっとしたものじゃないと、なかなかふたつのあいだをまたげません。鈴木大臣はようするにこう言いたいのでしょう。

被災地の皆様には五輪に感動してほしい。そうすると、「復興」と「五輪」がうまくドッキングして、東京五輪は復興五輪だとこじつけられるようになる。

でも、感動しろと言われてもね。

★=ただし、ひとつだけ大きな違いがあります。オリンピックはたしかに多くの人に「感動」をもたらしますが、平和をもたらしたためしはありません。

●——もふもふ言葉「希望」

文例

希望の党

解説

小池百合子《こいけゆりこ》東京都知事が二〇一七年につくったマイ国政政党の名前です。「日本に足りないもの、それは希望、日本に希望を」ということでこう名づけたそうですが、私は頭が単純なので、党名が発表されたさい、へんな勘違いをしてしまいました。希望が足りないというぐらいだから、日本の希望欠乏症を改善するため、全国民への希望注射か、プレミアムつき希望券（通称「ゆりこエスポワールクーポン」）の配布をマニフェストの目玉にするのでは？　こう思いこんでしまったのです。

でも発表された綱領には、そんなことはぜんぜん書いてなかったから、それこそちょっと失望しました。フタを開けてみれば、「希望の党」は一種の保守政党で、自民党とたいして変わらなかったのです。日本は保守層が厚いので、それ自体はかまわないのですが、党名が党の政策や立ち位置をぜんぜん反映していなかったことになります。日本共産党だって、「日本共感党」がいやなら、「日本希望の党」と改名したとしても、綱領とぜんぜん矛盾しないでしょう。それどころか、じっさいに「くらしに希望を」と公約に掲げているのです。

政治家たちに使われてしまうと、「希望」という言葉はそれほどあやふやなのです。

まあ、小池さん個人としてはこの政党にどんな「希望」を託していたか、想像に難くないでしょう。みずからの国政復帰の媒体、ひいては政権奪取の手段とみなしたにちがいありません。その意味では「野望の党」、与党から見ると「非望の党」、ズバリ言うと「希望職種は総理大臣の党」でした。

希望の党は結局、選挙で惨敗し、紆余曲折を経て二〇一九年に消滅しました。つまり泡沫政党に終わっちゃったのです。「希望の党」というより、むしろ「気泡の党」でした。

●——もふもふ言葉「安心」

文例

いま日本はコロナ禍、そしてウクライナ情勢、これが世界を揺るがすなかにあります。国内を見ても、その影響を受けて物価高、円安が追い打ちをかける、さらに人口減少、少子高齢化、また格差拡大、これらが加速しています。そして先行きに不安が広がっているというのが現状だと思います。いま、政治に求められるのは、何といっても国民のみなさんの不安をなくすこと、かわって**安心**をお届けすることであります。

（公明党の山口那津男《やまぐちなつお》代表、二〇二二年六月二十二日、参院選の街頭演説にて）

解説

よっぽど心配性なのか、多くの日本人は「安心」という言葉に弱いようです。単独の「安心」や、「安全安心」とかいう組み合わせが日本の広告やCMなどで連発されているところを見ると、そう思わざるをえません。商品を売りこむとき、「これさえあれば安心！」とかいうかたちで、「安心」をアピールするのは常套手段です。「○○あんしん生命」という保険会社まであって、CMで「安心なら安心だね」というコピーを採用しています。こんな堂々めぐりの日本語がまかり通るんですね。CMを制作している側は「『安心』さえ使えば安心だね」と思ったにちがいありません。

「安心」はこうして多くの国民の心に響く魔法の言葉だからこそ、政治家のみなさんも多用しないわけがありません。

山口代表ご提供の文例はとくにうまい用法です。まず、こわい言葉をあれこれ並べたてておきます。「コロナ禍」「ウクライナ情勢」「世界を揺るがす」「物価高」「円安が追い打ち」「人口減少」「少子高齢化」「格差拡大」「先行きに不安」。そして、聞いている側がおびえきったところで、その不安を払拭するかのように、「安心をお届けする」という文言を持ちだしてきます。「安心をお届けする」のは公明党。だから公明党に一票入れてくださいね。そう言いたいのでしょう。

でも、「安心」って何？

「安全」は客観的な基準で測れるものですが、「安心」はフィーリングの問題だから、あやふやで輪郭がはっきりしません。科学的に安全でも、心ではなかなか安心できないものもあります。ただ、逆もありえます。ちっとも安全じゃないのに、へんに安心しちゃう。とくに、エラい人に「安心していいよ」と言われたら。

この客観と主観との矛盾をさらに深掘りするために、ふたつの参考文例をいっしょに考えましょう。

参考文例1

安心してください、穿《は》いてますよ。（お笑い芸人のとにかく明るい安村《やすむら》）

解説

人気お笑い芸人の決め台詞です。股間を片足で隠したりして、オールヌードに見えるポーズをとっています。こっちが、放送しちゃまずいものを見せられちゃうんじゃないかとはらはらしていると、この言葉とともにちゃんとパンツに覆われた下半身を披露。ああ、よかった！

不安を煽りたてておいて、最後にほっとさせることで笑いをとっています。じつは最初から「安全」だったのです。だから、こちらが一瞬「安心」できなかったのはたんなる取り越し苦労だった、ということになります。

でも、「安心してください、穿いてますよ」と言われて、すっかり安心していたところ、結局穿いていなかったら、シャレになりませんよね。

参考文例2

世界で一番安全で安心な原子力立国を構築してまいるという所存であります。

（第一次安倍内閣の甘利《あまり》明《あきら》経済産業大臣、二〇〇七年六月五日、参議院にて）

解説

この発言のわずか数年後、世界で一番安全で安心な原子力立国を構築する試みがどういう結末を迎えたか、いまさら言うまでもありません。

原発が安全だから安心してくださいとくり返していた為政者たちは結局、穿いてなかったというか、裸の王様たちでした。

だから政治家に「安心」をお届けするなどと約束されても、その癒し系のもふもふの語感にまどわされてはいけません。

▼見得切り表現

懐かしの八〇年代のアメリカの映画に『メジャーリーグ』というのがあります。異色の顔ぶれのMLBチームをめぐるコメディです。チームの意地悪なオーナーが、ある魂胆から使いものになりそうにない選手ばかりをわざとそろえて、メジャーリーグの最下位をめざす。すると、その策略がみごとに裏目に出て、あろうことかチームが苦戦しながらも地区優勝を争うまでに上りつめる。そんなでたらめなストーリーです。それは横に置いておくとして、この映画のクライマックス・シーンには、われわれの学習プログラムにたいへん参考になる場面があります。

地区優勝を決める試合。打席でかまえる打者が「ホームランを打つぞ」と言わんばかりに観客席を指さして大見得を切る。でも、結局バントを打つのです。

政界では、こんなプレーはむしろふつうです。口先では、人びとを奮い立たせるような、勇ましい、かっこいいことを言って大見得を切ります。しかし、じっさいにやっていることはずいぶん中途半端です。へたをすれば、何もやりません。

そんな見得切り表現の実例（というか、むなしい例）をいっしょに見ていきましょう。

●——スローガンによる見得切り

みなさん、「自民党のスローガンって何？」と聞かれたら、答えられますか？　立憲民主党や日本維新の会のスローガンは？　なかなか思い出せない方も多いんじゃないでしょうか。じゃ、NHK党（現・みんなでつくる党）のスローガンは？

子どもでもすぐ答えられますよね。

文例

NHKをぶっ壊す！

（NHK党の立花孝志《たちばなたかし》党首、二〇一六年ごろから現在まで、各地で）

解説

ガッツポーズをとりながら、立花党首が発するおなじみの決め台詞ですね。

ただ、破壊願望のあるみなさんは、この威勢のいい言葉に安易に焚《た》きつけられてはなりません。NHK党が選挙でどんなに躍進したところで、ハンマーやバールを振りまわしながら「イザ渋谷！」とばかりに結集しても無駄ですよ。

NHK党は「NHKをぶっ壊す！」というスローガンとは裏腹に、日本放送協会を文字どおり「ぶっ壊す」つもりはさらさらないようです。立花党首にご解説をお願いしましょう。

この「NHKをぶっ壊す！」という、このわかりやすいキャッチコピーというか公約政策なんですが、もちろん、物理的にNHKをぶっ壊していくと、こういうことではありません。かつNHKの放送内容、いわゆる番組をつぶしてしまおうとか、そういうことでもありません。

（二〇二一年十月十九日、衆院選の街頭演説で）

物理的にNHKをぶっ壊すわけではない、と言うのです。そのかわり、日本語をぶっ壊しているような気がします。「ぶっ壊す」はじつは「ぶっ壊す」という意味ではないと解き明かしているわけだから。ホームランを打つと予告しておいて、「ここでいうホームランとは文字どおりホームランを指すわけではない」と弁明するようなものです。立花党首は「わかりやすいキャッチコピー」と自賛していますが、よく考えれば、ちっともわかりやすくありません。

じゃ、「NHKをぶっ壊す！」の実質的な内容は何かというと、NHKの放送の「スクランブル化」だそうです。しかし、「ぶっ壊す」がこのように「スクランブル化」を指す日本語の文脈はほかに見当たりません。交差点のスクランブル化を計画している自治体は広報誌で、

十字路をぶっ壊す！

とはぜったいに発表しません。ましてや、ファミレスでスクランブルエッグを頼もうと思っているお客さんは店員さんに、

ぶっこわーす！
NHK
ムズ…
自民党
ぶっこわす！

卵をぶっ壊せ！

とはまず言いません。

だから、ＮＨＫ党がＮＨＫのスクランブル化をしたいんだったら、スローガンでもすなおにそう訴えればいいのに、と思わないでもありません。かといって、立花党首が元気よく例のガッツポーズをとりながら、こんなことを言い放っている姿を想像してみましょう。

ＮＨＫをスクランブル化！

たしかに、いまいちインパクトに欠けるかもしれませんね。そこで「ＮＨＫをぶっ壊す！」になったのでしょう。

補足

改革派を自任する政治家は「ぶっ壊す」のようなスカッとする日本語を好んで使います。かれらの言う「ぶっ壊す」は「改革する」のかっこいい言いかえと考えていいでしょう。

小泉純一郎《こいずみじゅんいちろう》総理はよく「自民党をぶち壊します」とか、「自民党の派閥論理こそぶっ壊さなきゃならない」とかぶちまけました。二十年ほどまえの話ですが、自民党の派閥の論理はあいかわらず健在です。ぶっ壊しはたんなるパフォーマンスに終わったのです。
日本に限ったことではありませんが、残念ながら、政治家がぶっ壊すのに成功するのはだいたい、ぶっ壊しちゃまずいものばかりです。平和とか。地球環境とか。沖縄の珊瑚礁とか。みなさんも例を挙げてみてください。

●——党名による見得切り

このように、政界では、スローガンとか、キャッチフレーズとかをくふうするときは、中身よりもかっこよさのほうがよっぽど大事にされるのです。党名もそうです。その最たるものは……

文例

れいわ新選組

解説 元俳優で国会議員の山本太郎《やまもとたろう》さんは二〇一九年に政党を結成したさい、安倍総理肝いりの新年号「令和」をハッキングして、こんな名前をつけました。あまりにも奇抜なネーミングで、男性アイドルグループなのかと勘違いされても不思議じゃありません。「消費税なんか消えちまえ！」みたいなヒット曲を連発しそう。

山本さんはかつて『新選組！』という大河ドラマに出演したこともあるし、かっこいい党名で注目されたかったのでしょう。ただ、屁理屈を言うと、その名前は政党としての立ち位置と不思議に矛盾していました。名前の由来となった幕末の元祖・新選組はみなさん知ってのとおり、幕府、つまり当時の政府の手先として暗躍する暴れ者集団でした。でも、「れいわ新選組」のほうは政府を容赦なくディスって、その打倒をもくろんでいます。もとの新選組とは立場が一八〇度違うのです。不吉な話で申し訳ないですが、山本代表が幕末に生きていたら、ほんものの新撰組に虎視眈々《こしたんたん》とつけねらわれたでしょう★。

かっこよさの追求が中身に優先した典型的な例です。

山本代表はテレビでこの矛盾をつつかれたことがありますが、質問をうまくかわしました。

維新を名乗りながら政府側にベッタリな人たちもいるので、気にしないでください。

（二〇一九年七月二十一日、テレビ東京系の「池上彰《いけがみあきら》の参院選ライブ」にて）

「**日本《にっぽん》維新の会**」にこう当てこすったわけです。れいわ新選組とは真逆の政治姿勢の政党ですが、ひとつだけ共通点があります。日本史の同じエキサイティングな時代にちなんでかっこいい党名をつけているのです。ただ、山本代表が指摘するように、「維新」を唱えているわりには、旧体制ともいえる自民党政権とやたら仲がいいです。

両党のネーミングはアベコベなのです。そこで、よけいなお世話かもしれませんが、思いきって党名を交換することをお勧めいたします。少なくとも、それぞれの党名を実態にあわせてちょっと修正したほうがいいかもしれません。「れいわ山本組」と「万博自民の会ＩＲ本部」とか。

★＝私も他人《ひと》のことは言えませんが。幕末の日本に住んでいたら、尊王攘夷とかで、やはり容赦なく斬られたにちがいありません。ちょっと生意気な異人なんで。

こぼれ話

やたらかっこいいが、党の実態に妙にあわない党名はほかにもあります。

二〇一〇年四月、「**たちあがれ日本《にっぽん》**」という、自民党より右の超保守政党が生まれました（自民党より右ってあったんですね）。応援団のエールみたいな、人びとを鼓舞し、若い力がみなぎるネーミングです。一方、発起人たちの平均年齢は七十・八歳でした。この矛盾をつかれ、「立ち枯《が》れ日本」などとからかわれました。いい年をしてあんな若々しい名前をつけるから、自業自得ですね。

政界きっての毒舌家、石原慎太郎《いしはらしんたろう》東京都知事をはじめ、怒りっぽい老人ばっかりだったので、名前を「たちやがれ日本！　たわけ者め！」とでもしたほうが、彼らの気持ちに忠実だったかもしれません。

たちあがれ日本は立ち上がりからあまり振るわず、わけのわからないネーミングの「太陽の党」などを経て、二〇一四年に「次世代の党」に発展しました。これで名前と実態のギャップはさらに広がりました。

「次世代」ね。これもかっこいい言い方です。「次世代モビリティ」や「次世代の基幹システム」や「次世代を担う人材」など、技術のめざましい進歩や未来の明るい展望をイメージさせる表現です。

一方、「次世代の党」のほうは不思議に先祖返りをしていました。党首はたちあがれ日本と同じ平沼赳夫《ひらぬまたけお》さんで、次世代のリーダーどころか、この時点でさらに老いて七十五歳ぐらいでした。むしろ「ジジ世代の党」というわけです。政策も保守的というよりも反動的、その意味では「前々々々世代の党」ぐらいでしょうか。思いきって戦前に逆もどりして、平沼さんのお義父《とう》さんの平沼騏一郎《きいちろう》さんが首相を務めた一九三九年ごろにぴったりの政党だったのかもしれません。

●――改元による見得切り

「れいわ新選組」の命名のきっかけともなった約三十年ぶりの改元はまだ記憶に新しいところですが、じつは政界では、改元はもっと頻繁におこなわれています。

文例

今年を**スタートアップ創出元年**と位置付けて、六月までに、スタートアップ五か年計画を作っていきたいと考えています。
（岸田文雄総理、二〇二二年二月十日、記者会見にて）

解説

二〇二二年は令和四年でしたが、「スタートアップ創出元年」でもあったわけです。「〇〇元年」という表現は、新しい時代の幕開けをにおわせます。今年は「スタートアップ創出元年」だと言えば、スタートアップはこれまであまりさかんじゃなかったけど、これからはグーグルやメタやウーバーみたいな新興企業が日本でもどんどんどんどん誕生して、経済が成長して、雇用が生まれると期待がふくらみます。じっさいにそうなればいいのですが……。

ところで、二〇二二年はスタートアップ創出元年なだけじゃなくて、じつは「生産性革命」七年でもありました。みなさん知っていました？ というのは、二〇一六年は当時の国土交通大臣によって「生産性革命元年」と位置づけられたのです。みなさんの身のまわりでも生産性革命は起きていますか？

残念ながら、「生産性革命元年」以降、日本の生産性は国際比較でむしろ落ちているようです。革命の混乱で逆に下がったのかな。

このように、政治家が「〇〇元年」とうそぶいた場合、それによって鳴り物入りではじまる新時代はだいたい、舌の根が乾かないうちにフェードアウトしちゃいます。

二〇二二年はまた、そのまま機械的に数えると、「財政構造改革二十六年」でもありました。みなさん知っていました？ というのは、一九九七年は当時の橋本《はしもと》龍《りゅう》太郎《たろう》総理大臣によって「財政構造改革元年」と位置づけられたのです。でも、橋本総理の財政構造改革は翌年、法律によって一時停止されて、いまだに再開されていないので、二〇二二年は厳密に言うと、「財政構造改革停止二十五年」ということになるのでしょうか。とにかく、日本の財政は当時とくらべてはるかにひどい状態になっているから、この改革もやはり腰折れ、というか龍頭蛇尾に終わりました。「元年」の意気込みはなかなか長続きしないようですね。「スタートアップ創出元年」もそうならないよう祈るしかありません。

でも、政治家の三日坊主ならぬ元年倒れをあまり厳しく責めないようにしましょう。私なんか、毎年が「断酒元年」だし。

練習問題

では、練習問題にゆるく、かっこよく挑戦しましょう。もふもふ言葉と見得切り表現について、それぞれ出題していきます。

《もふもふ言葉問題》

以下の問**1**～**4**はいずれももふもふ言葉に関するものです。それぞれに答えなさい。

1

つぎの発言を読んで、あとの設問に答えなさい。

昨年の臨時国会、そして本年の通常国会と、我が国が国難ともいうべき事態に直面する中で、岸田総理は、常に、聞く政治を重視し、［　　　］の皆様の声に耳を傾け、気持ちに寄り添い、その共感と共に歩み続けてこられました。

二〇二二年六月九日、立憲民主党が岸田政権の不信任決議案を提出したさい、自民党の上川《かみかわ》陽《よう》子《こ》衆議院議員がおこなった反対討論の一部です。

設問

①「聞く政治」や「皆様の声に耳を傾け」はかなりもふもふした表現です。さらにふたつ、もふもふ言葉がふくまれています。両方ともあげなさい。

②岸田総理がいちばん声に耳を傾け、気持ちに寄り添い、その共感と共に歩み続けて**こなかった**と思う対象を、つぎの選択肢のなかから選びなさい。

（イ）ご家族
（ロ）国民
（ハ）財務省
（ニ）経団連

③では、上川議員がじっさいに使った言葉を同じ選択肢のなかから選びなさい（空所に入る）。

2

鳩山政権当時、「友愛」との関連でちょっと話題になったのは「友愛ボート」。これはどういうものだったのか。つぎの選択肢のなかから選びなさい。

（イ）鳩山家の数十億円もする豪華なヨットを揶揄した某週刊誌の造語。

（ロ）ＮＧＯの人たちも乗せた自衛艦で、災害が起きれば救助活動に派遣されるもの。鳩山総理が提唱。

（ハ）少子化対策として、出会いの場を創出するために鳩山内閣が検討した海上合コン構想。

（ニ）正しくは「友愛暴徒」で、「友愛だぜ！」と叫びながら渋谷で暴れた若者。鳩山内閣発足直後、大きな社会現象となった。（みなさん覚えていませんか？）

3

ワクワク感にあやかろうと、ある著名な政治家が演説で、ワクワクするような単語を使って、つぎのように訴えました。

「半世紀ぶりに、あの［　　　］が再び我が国にやってきます」

つぎの選択のなかから、その単語と、それが指す対象を選びなさい。

（イ）「名犬ラッシー」で、ズバリ永遠の名犬ラッシーを指す。（まさにもふもふ言葉ですね）

（ロ）「ゴジラ」で、二〇一六年の映画『シン・ゴジラ』を指す。

（ハ）「感動」で、二〇二〇年の東京オリンピック・パラリンピックを指す。

（ニ）「夢と希望の祭典」で、二〇二五年の大阪・関西万博を指す。

4

とある法律の成立のまぎわで、もふもふ言葉がふくまれるつぎの文言が加えられました。

「全ての国民が安心して生活することができることとなるよう、留意するものとする」

それは何という法律で、どの目的でその文言が加えられたのか。つぎの選択肢から選びなさい。

（イ）二〇〇六年の「観光立国推進基本法」。インバウンド観光の増加で、私のようなへんな外人が激増して日本国民全体に不気味な思いをさせないように。

（ロ）二〇一二年の「改正原子炉等《とう》規制法」。原発が再稼働しても近くの住民がすぐ逃げないように。

（ハ）二〇一三年の「特定秘密保護法」。こそこそ政府の悪口を言ったぐらいで特定秘密漏洩の疑いで逮捕されるんじゃないかと、一般市民が反日左翼に煽られて取り越し苦労をしないように。

（ニ）二〇二三年の「LGBT理解増進法」。LGBTの当事者の権利が認められたことで、石頭の保守派が「自分たちの権利が侵害されたんだ！」と不安にならないように。

解答

1
①寄り添い、共感
②主観の問題なので、回答者の多様性を尊重してどれも正解とします。ただ、「（ロ）国民」を選ばれた受講生が多かったのではないでしょうか。
③（ロ）

2（ロ）

3（ハ）ご提供：安倍晋三総理、二〇二〇年一月二十日、施政方針演説にて

4（ニ）

《見得切り表現問題》

以下の文章**1**〜**8**は、政治家や為政者としての赤裸々な本音や実情を記述したものです。続く選択肢の（イ）〜（チ）は、じっさいに政界で使われているスローガンやキャッチコピーなど、かっこいい見得切り表現です。どの表現が、それぞれの本心や実情にあわせてかっこよく加工したものか選びなさい。

《例》

本音や実情を記述したものが、

わが党はＮＨＫのスクランブル化を実現させる

方針である。

だとしましょう。それをかっこよく加工した見得切り表現は、

ＮＨＫをぶっ壊す！

となるわけです。

それでは、さらなる飛躍をめざして、果敢に問題に挑みましょう！

政治家や為政者としての本音や実情

1　いままで権力者の暴走を食い止めてきたしきたりに縛られたくないと思っている。

2　野党でありながら、予算案に賛成するなど、与党に急接近している。

3　数々の疑惑をかかえているので、窮地を挽回するため、突然総選挙に打って出ることにした。ただ、その大義名分がほしい。そこで、おとなりのならず者国家のミサイルの脅威などに対応するためだとこじつけたい。

4　なかなかの策士で、何回も新党をつくってはつぶしてきたが、またもや新党をつくって、こんどは庶民の味方が演じられるような党名をつけたい。

5　首長《くびちょう》として再選をめざしているが、とくに目新しい政策はなく、一期目の方針をそのまま継続するつもりだ。

6　自分の経済政策をアピールしたいが、アピールできる具体的な中身は何もない。

7　消費税の廃止やひとり二十万円現金給付など、夢のような政策を掲げているが、「だいじょうぶかよ?!」という有権者の不安をとりのぞきたい。

8　唯一の被爆国で、世界の舞台でしきりに核兵器の廃絶を呼びかけている。一方、核の傘を提供してくれているアメリカとのつきあいの手前、核兵器禁止条約にも加盟できない。この苦しい、明らかに矛盾した立場をなんとかとりつくろいたい。

かっこいい語句リスト

（イ）何があっても心配するな

（ロ）東京大改革２・０

（ハ）悪しき前例主義を打破する
（ニ）核兵器国と非核兵器国の橋渡しに努める
（ホ）「対決より解決」で日本を動かす
（ヘ）国民の生活が第一
（ト）国難突破解散
（チ）新しい資本主義

解答

1（ハ） ご提供：菅義偉総理、二〇二〇年十月、総理になりたてのころ

2（ホ） ご提供：国民民主党、二〇二二年夏の参院選にさいして

3（ト） ご提供：安倍晋三総理、二〇一七年秋の解散のさい

4（ヘ） ご提供：小沢《おざわ》一郎《いちろう》、二〇一二年七月に結成した新党につけた名前

5（ロ） ご提供：小池百合子東京都知事、二〇二〇年夏、二度目の都知事選にさいして

6（チ） ご提供：岸田文雄総理、二〇二一年十月の政権発足後随時

7（イ） ご提供：れいわ新選組の山本太郎代表、二〇二一年秋の衆院選にさいして

8（ニ） ご提供：歴代自公政権、ここ数年来、耳にタコができるほど

★**8**の補足＝私の国のカナダも、やはりアメリカとのつきあいの手前、核兵器禁止条約に加盟していません。おたがい、めっちゃカッコ悪いですね。

レッスン6 カタカナ言葉のスタンドプレー術

日本にはじめて来たころの話。

小旅行に出かけたとき、林のなかを歩いていると、「**整理整頓**」と書いてある、ひどく錆《さ》びた標識が地面に落ちているのをたまたま見つけました。意味はよくわかりませんでした。でも、感心するあまり、思わず拾って後生大事に持って帰ってしまいました。「整理整頓」という漢字のかたまりがあまりにもクールに見えたのです。

結局、拾ったかいはありませんでした。日本人の友だちにあきれられただけです。しかも整理整頓はいまだにできていません。本や辞書やメモが散らかっていて、探しているものがなかなか見つからない自分の机の上に目をやると、つくづくそう思います。このできごとのおかげで得たのは、せいぜい「頓」という漢字を習得できたことぐらいです。

いまでも日本語の表現にはたびたび魅了されます。だからといって、同じ英語圏の仲間としゃべっているときにさえ、そのまま使おうとは思いません。第一、相手にぜんぜん通じません。たとえば、

Hey, everybody, let's **SEIRI SEITON!**

と言ったところで、「Huh?」（なんだって？）と怪しまれるだけでしょう。

でも日本語では、なんのためらいもなく、英語をはじめヨーロッパ言語由来のめずらしいカタカナ語をふんだんに使う人がいます。もちろん、カタカナ語には日本語としてすでに定着していて、子どもにでもわかるものも多くあります。そういう身近なものではなく、わざわざ気どったカタカナ語を振りかざしてかっこつけるのです。だれも知らない難解なカタカナ語なら、なお可。「こんな難しい外国語知ってるぞ！　まいったか？」と言わんばかりに。相手が英文学の大家、はたまた西洋哲学の教授でもないかぎり、通じるわけがないなんて、ちっとも気にしません。

どういうわけか、同じ内容（あるいは無内容）でも、和語や漢語で言うより、カタカナ言葉で言ったほうが、なんとなくかっこいい響きがあるようです。そんな不思議な効果のあるカタカナ。国民の前で自分をよく見せたい政治家のみなさんも放っておくはずがありませんよね。ただ、前レッスンでも見たように、政界語のかっこいい言葉はだいたい中身をともないません。

具体的なイグザンプルをいっしょに見ていきましょう。

▼「アウフヘーベン」

背景

二〇一七年九月。東京都の小池百合子知事に近い国会議員数名がせっせと新党の準備にとりかかっていると、小池さん自身がいきなり記者会見を開きました。「リセットをいたしまして、私自身が立ち上げる」と出し抜けに発表し、みずから新党の代表に就任すると宣言したのです。そして党名を披露しました。「希望の党」（レッスン5参照）の誕生の瞬間でした。

記者に、「これまでの準備がぷっつんと切れてしまうのか」と聞かれて、小池さんはこう答えました。

文例

これはぷっつんするものではございません。アウフヘーベンするものでありまして、内容は辞書で調べてください。

（二〇一七年九月二十五日、記者会見にて）

解説

「アウフヘーベン」は周知のように、「バウムクーヘン」と「ザッハトルテ」とともに、ドイツ・オーストリア系の三大スイーツのひとつです。甘いチョコレートとスパイシーなジャーマンソーセージという、一見相容れないふたつの材料を高級なリースリングワインで煮ることによって、みごとに調和させた絶品です。

みなさん、すみません。そんなスイーツがあるわけないですよね。「アウフヘーベン」なんてさっぱりわからないので、適当に言ってみただけです。こういうめずらしいカタカナ言葉はほんとうに謎ですね。

「内容は辞書で調べてください」と小池さんは言っていますが、辞書を引くのがめんどくさいので、

新党
ハシゴをはずすのではございません。アウフヘーベンするものであります

まずはご本人に直接意味を聞いてみましょう。
　小池さん、「アウフヘーベン」って、何ですか？

文例

はい。あの、「アウフヘーベン」というのは、一旦立ち止まって、そして、そのより上の次元にという、「しよう」か、日本語で？　何だ？　「しよう」？　「しよう」でいいね。はい。「しよう」という言葉で表現されます（後略）。

（二〇一七年六月九日、記者会見にて）

解説

「しよう」？　どの「しよう」でしょう？　「使用」とか「仕様」とか「試用」とか、たくさんあるから、漢字を示してほしいですね。新党を事実上乗っとっているわけだから、「私用」のほうかな？

　めんどくさいですが、やはり内容を辞書で調べましょう。『広辞苑』で「アウフヘーベン」を引くと「止揚《しよう》」とあります。この「しよう」か！　なるほど。一旦立ち**止**まって、そして、そのより上の次元に**揚**げる。小池さんの説明を当てはめると、そういう定義になるでしょう。

で、何それ？

さらに調べると、「アウフヘーベン」はドイツ語の哲学の用語だそうです。バウムクーヘンの仲間だと勘違いして、地元のケーキ屋さんで探した自分がなんとはずかしいことか！　矛盾するふたつの概念を統一し、より高い概念に発展させるとかいう意味らしいです。わあ、すごい！

では、小池さんが「リセットいたしまして」みずからが新党の代表に就任することのどこがバウムクーヘン、じゃなくて、アウフヘーベン＝止揚でしょう？　それまでの新党準備は水の泡になるんじゃなくて、自分がそれを引き継ぐんだというていどのことを言いたいのかな。それを表現するのに、ドイツ哲学の専門用語をわざわざ持ち出してくるのは、凡人じゃできませんよね。

でも結局、小池さんはアウフヘーベンに失敗してしまいました。当時の第一野党の民進党は小池人気にあやかって、新しく誕生した希望の党にそのまま合流しようと決めました。ただ、民進党のなかの護憲・リベラル派は保守・改憲派の小池さんと相容れないところがありました。しかも民進党自体も護憲・リベラル派対保守・改憲派という矛盾をかかえていました。まさに「アウフヘーベン」の出番ですね。一旦立ち止まって、矛盾するものを統一し、より上の次元に揚げる。

小池さんはしかし、その真逆をしてしまいました。希望の党への合流にあたって、リベラル派をアウフヘーベンするどころか、「排除いたします」と断言して、肘鉄を食らわしたのです。この発言はたいへんな反発を呼びました。希望の党が数週間後の総選挙で敗北したのも、その影響が大きかったようです。

みんなと仲よくバウムクーヘンでもつまみながら、アウフヘーベンを徹底すればよかったのにね。

補足　いわゆる豊洲市場《とよすしじょう》移転問題でも、小池知事の「アウフヘーベン」はおおいに活躍しました。

知事としての就任前から、東京都の中央卸売市場を、老朽化した築地市場から豊洲に移転する計画が進められていました。しかし、完成したばかりの豊洲市場では、土壌汚染の問題や有害物質をふくんだ地下水が貯まっている問題など、安全性への懸念が絶えませんでした。

さあ、どうする、小池知事？　市場を築地に残すのか？　豊洲に移すのか？　二者択一のはずでしたが、小池知事の答えは……

参考文例

「アウフヘーベン」が必要だ。

（二〇一七年六月九日、記者会見にて）

解説

どっちをとっても、かならずたたかれてしまう。そこで両方とも同時にとることにしたわけです。具体的には、一週間半後に発表したように、「築地は守る、豊洲を活かす」とごまかしたのです。みごとなアウフヘーベンですね。結局、市場は豊洲に移転しましたが。

ところで、さきほどの小池知事自身による「アウフヘーベン」の解説は、参考文例と同じ記者会見で披露されたものです。

▼「ワイズスペンディング」その他

小池知事はカタカナ言葉を連発することで有名で、まさに政界の女性版ルー大柴といってもいいでしょう。そこで、知事のおやさしいハートに甘えて、もうひとつ用例をご提供願いましょう。

文例

オリンピック・パラリンピックに関して、きょうは第一次調査報告、調査チームから上げていただくことになっております。（中略）都民ファースト、それからアスリートファースト、そして、必要なレガシーをワイズスペンディングで使ってつくっていくという、この東京二〇二〇《にゼロにゼロ》に向けたベースになるものだと、このように思っております。

（二〇一六年九月二十九日、都政改革本部の会議にて）

解説

カタカナ言葉のクラスターがこの文例のど真ん中で起きていますが、いくつかのフレーズに分けて解説していきましょう。

●――都民ファースト、それからアスリートファースト

この「ファースト」は言うまでもなく、「ファーストフード」の「ファースト」つまり「fast」で、「速い」という意味です。そして「アスリート」は「選手」。「都民、速い！　それから選手、速い！」という意味になるわけです。選手が速いのはわかりますが、都民が速いのはなぜでしょう？　終電にまにあわないといけないから必死に走っているのかな？

みなさん、すみません。一瞬勘違いしました。カタカナ言葉はほんとうにまぎらわしいですね。解説を最初からやりなおしましょう。というか、リセットをいたしましょう。

「都民ファースト」と「アスリートファースト」の「ファースト」は「first」で、「第一」「一番」という意味です。「都民ファースト」は小池知事の口癖で「都民第一」を意味します。あまりのお気に入りで、「都民ファーストの会」という地域政党までつくりました。「アスリートファースト」は「選手第一」という意味で、東京二〇二〇大会の理念、というより、売り文句のひとつでした。

ここの「ファースト」には「なにより大切にする」「第一優先にする」というニュアンスがあります。したがって、「都民ファースト、それからアスリートファースト」をカタカナ抜きの日本語に訳すと、「都民を第一優先にする、それから選手を第一優先にする」という意味になります。

カタカナだとなかなか気がつきませんが、これは明らかに矛盾しているんじゃないでしょうか？　都民を第一優先にするのであれば、選手は必然的に二の次になってしまうし、選手を第一優先にするのであれば、都民は二の次になってしまいます。「どっちかにしろ！」と言いたくなりますね。でも、豊洲市場問題でも見たように、小池知事はどっちかにするのは苦手のようです。

●——レガシー

直訳すれば「遺産」、つまり死後に遺した財産のことです。「だれか死んだの？　たいへんだわ！」などと心配しなくていいですよ。そういうわけじゃなくて、「レガシー」は比喩的に、「（よくても悪くても）後世に残す有形無形のもの」という意味でも使われます。ここでは、「オリンピック・レガシー」、つまりオリパラ大会の閉幕後、東京に残されるものを指します。

オリパラ大会の閉幕後、東京に残された「遺産」は結局、大金を注ぎこんでつくったのに、十分活用されていなくて赤字が積み重なる多くの施設（有形のレガシー）と、「感動」の余韻（無形のレガシー）ぐらいでした。ただ、感動の余韻は赤字施設とは違って、数日から数週間ぐらいで消滅してしまいました。

小池知事は「必要な」レガシーと形容していますが、都民のみなさんはほんとうにこんな遺産がいりますか。できれば相続放棄をしたいでしょうが、残念ながらいまさらできません。

●——ワイズスペンディング

小池知事のお気に入りのフレーズです。「ワイ」は「Yuriko」（百合子）の「Y」、「ズ」は所有の「s」＝「の」、そして「スペンディング」は支払うこと。つなぎあわせて、「百合子のお支払い」という意味になるわけです。つまり百合子さんは自腹を切って「必要なレガシー」をつくってくれると言っているわけです。そんな巨万の富を持ってたんですね。

みなさん、どうもすみません。また一瞬勘違いしました。カタカナ言葉はほんとうにまぎらわしいですね。ただいまの説明を撤回いたします。誤解★を招いたことをお詫びするとともに、再発防止に努めることをお約束いたします。

解説をやりなおさせてください。

「ワイズスペンディング」はwise spendingで「ワイズ」な「スペンディング」、直訳すれば「賢い支出」。ようするにお金を賢く使うという意味です。じゃ、すなおにそう言えばいいのに、わざわざ横文字を使っているのはどうして？　本人曰く……


横文字になるのは日本にそのコンセプトがないからだと思いますね。

（二〇一七年六月十六日、BuzzFeed Newsの単独取材に対し）


これは一見、かなり説得力があります。先進国のなかでも最悪の財政状況を見ると、少なくとも日本の政治家には、お金を賢く使うというコンセプトはたしかになさそうです。

でも、お金を賢く使うというのは、「ワイズスペンディング」と、カタカナで表現しなければならないほど日本でなじみのない発想でしょうか。小池知事は外国語の知識をひけらかしたいあまり、日本語でうまく表現する努力を怠っているだけじゃないの？

★＝この「誤解」の用法については、本書姉妹編のレッスン２「『誤解』の特殊用法」を参照。

▼「デジタル」

このようにカタカナ語は、大した中身がないのに、立派なことを言っているんだという印象を人びとに植えつけるのにもってこいです。

つぎに、もう少し耳慣れた用例を見てみましょう。

文例

私が総裁選挙中も訴えさせていただきました**デジタル**田園都市国家構想、これは正に**デジタル**の力をもって、長年なかなか進まなかった地方創生、これをしっかりと進めていく、こういった発想に立っています。

（岸田文雄総理、二〇二一年十月四日、就任後初の記者会見にて）

解説

「デジタル」はもはやいたるところで使われているカタカナ語ですが、永田町あたりも例外ではありません。「デジタル庁」が二〇二一年にできたし、「デジタル大臣」（略して「デジ相[★1]」）も誕生しました。「デジタル大臣」といっても、デジタルな存在ではなく、生身の人間です。つついたら声が出ます。

そして本文例の「**デジタル田園都市国家構想**」（略して「デジ田《でん》構想[★2]」）。これは発足したばかりの岸田内閣の目玉政策のひとつでした。どう具体化されたかというと、たとえば「**デジタル田園都**

市国家構想交付金」を設けておきました。そして自治体がその交付金を申し込みたくても、マイナンバーカードの申請率が一定の割合に届かないかぎり、できないようにしました。この実態にあわせて岸田総理の発言の微修正をすると、こうなるのでしょうか。

私が総裁選挙中も訴えさせていただきましたデジタル田園都市脅迫構想、これは正にカネの力をもって地方を追いつめ、長年なかなか進まなかったマイナンバーカード、これをしっかりと進めていく、こういった発想に立っています。

「デジタル」はもともと「ひとケタの数字に関する」という意味で、「指《ゆび》」という意味のラテン語から来ています（指で数えるから）。こんなせこいやり方じゃ、「デジタル田園都市国家構想」も美名とは裏腹に、文字どおり小手先の凡策に終わりかねませんね。

★1＝これにあわせれば、財務大臣は「レジ相」（国の出納係だから）、農林水産大臣は「ベジ相」（野菜をはじめ作物の栽培をつかさどっているから）、国土交通大臣は「ネジ相」（ガテン系だから）、総務大臣は「くじ相」（宝くじの許可権限者だから）になるのでしょうか。

★2＝私が勝手につくった略語なのですが、なんと霞ヶ関のお役人たちに出し抜かれました。

▼「デジタルトランスフォーメーション」

デジタルといえば、このごろ一世を風靡《ふうび》しているのは「**デジタルトランスフォーメーション**」。

堂々たるカタカナの大行列ですね。直訳すれば「デジタルへの転換」という意味で、ほんらい、情報技術をあらゆる場面で使いこなすことによって会社や社会のしくみそのものを一新することを指すようです。でも、多くの企業では最近、ＩＴをちょっととり入れてみたり、事務機器の買いかえをしたりしただけでも、「デジタルトランスフォーメーションだ！」と空騒ぎ。これじゃ、新しいトースターと電子レンジを買えば「産業革命」になりますね。

ところで、みなさんのデジタルトランスフォーメーションはお済みですか？　私はばっちりです。スマホをいちおう持っているし、ピザを電話で注文するのをやめて完全オンライン化を実装しています。

「デジタルトランスフォーメーション」は略して「デジトラ」になりそうですが、それじゃやはりかわいすぎるのか、カタカナ以上に恐れ入った気持ちにさせるアルファベットで「ＤＸ《ディーエックス》」と略します。「デジタルトランスフォーメーション」も「ＤＸ」も英語由来ですが、どうして「Ｘ」なのでしょう？　それはですね、「トランスフォーメーション」の「トランス」は「交差」「転換」のような意味で、交差している形の「Ｘ」はその意味を表すシンボルとして使われているからです。

ここで、「トランスフォーメーション」は「Ｔ」ではじまるから、「どうして『ＤＴ』じゃないの？」という素朴な疑問が湧きます。じつは海外では「ＤＴ」と略すこともあるようです。じゃ、なぜ日本語で「ＤＸ」が優勢になったかというと、「ＤＴ」より「ＤＸ」のほうがなんとなくインパクトがあるからでしょう。頭でっかちでバランスの悪い「Ｔ」より、足を広げて踏んばっている「Ｘ」のほうが力強いデザインです。発音にしても、間延びした「ティー」よりも、スパッと終わる「エックス」のほうが小気味のいい響きです。それで勝負が決まったのでしょう。

こんなかっこいい、人気絶頂の略語「ＤＸ」。政治家のみなさんも、もちろん喜んで使います。

このように……。

文例

ＤＸによる地域課題の解決に向けた実証事業の先進事例を、強力に全国展開します。

（そしてそのすぐ下に）

あなたの一票を自民党に。

（二〇二一年十月の総選挙にさいしての自民党の政権公約から）

▼「グリーントランスフォーメーション」

岸田内閣は「デジタルトランスフォーメーション」に力を入れているんだよとアピールするのに必死でした。また、「デジタルトランスフォーメーション」になぞらえて、「グリーントランスフォーメーション」というものも大々的に唱えました。何と略したと思いますか？　もうおわかりですね。

文例

グリーントランスフォーメーション、いわゆるＧＸ《ジーエックス》を実行していくことで、日本の経済・社

会、産業構造を転換していく。

（岸田文雄総理、二〇二二年七月二十二日、日本経済団体連合会夏季フォーラムにおける講演にて）

解説

グリーントランスフォーメーション（GX）は、化石燃料から、温室効果ガスを出さない「グリーン」なエネルギーに「転換」することを意味します。これに反対する人はいないでしょう（アメリカのトランプ前大統領みたいに、後世に対してよっぽど無責任じゃないかぎり）。だからこの「GX」が立派なネーミングに見合うぐらいみごとに成功して、世界中に広まって「グローバルトランスフォーメーション」の引き金となればいいですね。

でも、「グリーン」というぐらいだから、岸田内閣は太陽光発電や風力発電をどんどん推進するのかな……と思ったら、意外な方向に動きだしました。二〇二二年八月、発足して一か月もたたない「GX実行会議」の第二回会合で、岸田総理は突然、再生可能エネルギーとともに「原子力はGXを進めるうえで不可欠な脱炭素エネルギーです」と言いだしました。原発回帰に前のめりな経産省の虜《とりこ》になったのか、原発の再稼働や新規建設をぜひ進めたいという姿勢を示したのです。

原発もグリーンで環境にやさしいというわけです。たしかに二酸化炭素は出さないけど、別の重大な環境汚染の大きなリスクがなかったっけ？

「グリーントランスフォーメーション」としてはじまった「GX」ですが、この変身を受けて、ある環境省の幹部はこう嘆いたそうです。

GXのGは原発。いまは原発トランスフォーメーション内閣だ。

（朝日新聞二〇二二年十一月十二日朝刊）

「原発は環境にいいぞ」というイメージを国民の頭に刷りこむため、政府はそのうち「グリーン原発」キャンペーンでも立ち上げるかもしれませんね。キャンペーンマスコットは原発系のもふもふゆるキャラ「グリ原《げん》」かな。

▼「SDGs」

DXやGXのようなアルファベット略語はカタカナ言葉以上に、人びとに「何かすごいことを言ってるんだ！」という気にさせるのにたいへん効果的です。指している具体的な内容どころか、何の略かすら、さっぱりわからなくても。

その代表格は近年大ブレークしている「SDGs《エスディージーズ》」。みなさんは何の略かわかりますよね。というか、わからなかったとしても、いまさら聞けませんよね。だれも見ていないことをよくよく確認しておいて、ブラウザのシークレットモードでコソコソ検索するしかありません。

「SDGs」は国連が掲げる「サステナブル・デベロップメント・ゴールズ」の略でしたね。「持続可能な開発目標」と一般的に訳されますが、あの最後の小文字の「s」は「ゴール」＝「目標」の複数形（goals）をあらわす「s」なので、厳密にいうと、「持続可能な開発目標たち」です。ぜんぶで十七ありますので。

二〇三〇年までに貧困や飢餓を終わらせるとか、気候変動に緊急対策を講じるとか、海や森林を保全するとか、ＳＤＧｓ自体は人類や地球の未来のために欠かせないものばかりでしょう。達成できれば、それに越したことはありません。ただ、「ＳＤＧｓ」という言葉だけが、中身を置いてきぼりにしてひとり歩きしていることが多いのでは？　企業といえば猫も杓子《しゃくし》も「ＳＤＧｓを進めているぞ」と自己アピールをしている今日このごろ。以前からやっていることを、「ＳＤＧｓのためだ」と後づけをしているだけじゃないかと疑りたくなります。

従来、このような文型のキャッチコピーがしょっちゅう見られました。

（企業名）は、（事業内容）をとおして**社会に貢献しています。**

でも最近、違う文型のものがやたら目立ちます。

（企業名）は、（事業内容）をとおして**ＳＤＧｓに取り組んでいます。**

事業内容を国連の持続可能な開発目標にあわせて大きく修正しているとは思えません。広告表現を修正しているだけでしょう。

こういうコピーは、「ＳＤＧｓ」というかっこいい略語があってはじめて成り立ちます。つぎのように言いかえたんじゃ、いまいちキレがないでしょう。

（企業名）は、（事業内容）をとおして**持続可能な開発目標に取り組んでいます。**

ちょっと間延びしていますね。

でも、政界における「ＳＤＧｓ」の我田引水とくらべると、こんなのはかわいいものです……。

二〇二一年七月。都議に再選したばかりの木下《きのした》ふみこさんは無免許運転で事故を起こしていたことがバレて、所属していた「都民ファーストの会」から除名されました。さすがに議員を辞めるかと思いきや、さっさと自分ひとりだけのマイ会派を立ち上げました。その会派に何という名前をつけたと思いますか？「無免許運転のどこが悪い会」じゃありませんよ。

このように名づけたのです。

文例

ＳＤＧｓ　東京

解説

この「ＳＤＧｓ」の解釈について、いろんな可能性が思い浮かびます。

「スゲー　度胸　ガールっす！」とか、

「捨てません　大事な　議席っす」とか。

みなさんも考えてみてください。

でも、この「ＳＤＧｓ」もやはり、「持続可能な開発目標」を指すでしょう。ただ、木下都議が目標とした持続可能性は人類とか地球のそれじゃなくて、あくまでみずからの都議としての持続可能性だったようです。非難の合唱のなか、二度の辞職勧告決議を振りきって四か月以上踏んばりましたが、十一月に持続力が尽きはてて辞職しました。

「ふみこ姫と十七の持続可能な開発目標たち」とでもいうべき不思議なお都議噺《とぎばなし》は、こんないまいちハッピーじゃないエンドを迎えたわけです。

流行語の「ＳＤＧｓ」に無理にすがらないで、「潔さ《いさぎよ》」という古来の日本語をもう少し大事にしたほうが、ご本人のその後のためにもよかったのかもしれませんね。

応用

本書を最後まで読んでくださって、ありがとうございます。いかがでしたでしょうか。

私なんか、書いているうちに政治的な野心が芽生えてきて、どエラい先生になって威張りたくなりました。まず、自分の政党をつくってみようかな。「ＳＤＧｓ　東京」をはじめ、第２部でとりあげてきた数々の美辞麗句を参考に、

国民に寄り添うＳＤＧｓ　ＤＸ　ＢＴＳ民主平和安心新党

というネーミングでどうでしょうか。これなら万人受けしそうですね。

わが党の綱領ですが、その目玉は賃上げ。国会議員の歳費の大幅増額をかならず実現するのです。

また、プライバシー保護の観点から、調査研究広報滞在費（旧・文通費）の使途の公開に反対します。住環境改善策として、議員宿舎の高級化への集中投資を進めます。文教行政にも力を入れ、議員を対象とする無限の書籍購入手当の新設を強力に推進します（本が大好きなんで）……

あっ、そうか。私は日本国民じゃありませんので、そもそも日本で政治家になれません。

よかったですね、みなさん。だって、こんなミーファーストな政治家がもうひとり生まれても困るだけでしょう。

練習問題

では、最後の練習問題にガッツとファイティングスピリッツでチャレンジしましょう！

つぎの文章は近未来の日本のある総理大臣の発言を紹介したものです。カタカナ言葉を中心に、気どった言い方が多くふくまれています。[枠内] のものについては、平易な日本語に訳すと、どう表現されるでしょうか。続く選択肢の（イ）～（ル）から選びなさい。

《問題文》

いつごろからなのか、日本の政界では、国民への「ポイント」の給付により世論の懐柔を図るという、世界でも類を見ない現象が起きるようになった。令和初期の歴代自公政権が注力した「マイナポイント」が代表例だが、その後、ポイント配布の政策的重要性はさらに高まり、永田町が「ポイント町」と揶揄《やゆ》されるほどであった。もっとも積極的にポイントを活用したのは、野合ともいわれた「国民に寄り添うSDGs　DX　BTS民主平和安心新党★」政権であろう。「失われた四十年」が「失われた五十年」になろうとするなか、口崎《くちさき》計《はかり》首相は、死に体の日本経済を再生させようと、野心的なポイント政策を打ち出したのである。その内容を記者会見でつぎのように発表した。

本日、閣議において、国民のみなさまに安心と希望を与える重大な決定をいたしました。

わが国は現在、①[百年に一度ともいわれる]変革期にあり、客観的な時代状況の変化に対応した、社会、経済、政治行政の②[パラダイムシフト]が不可避になっております。このような状況のなかで、デジタル、グリーン、ヒューマン、この三つの分野において、③[アジャイル]に対応し、民間の④[クリエイティビティ]を引き出すとともに、⑤[リスキリング]によって多様な人材の能力、発想が花開く社会にしていこう、これが従来から申し上げている⑥口崎ドクトリンであります。

しかしいま、物価高や上がらない賃金などで、日本経済は難しい局面に直面し、政府といたしましては、この難局を突破するため、⑦スピード感をもって適切な対応を実施しようと強く⑧コミットをしております。

そこで、内閣は本日、口崎ノミクスの一環として、来年四月一日《いっぴ》をもって、日本円を廃止し、かわりに「JXP（ジャパントランスフォーメーションポイント）」を導入する方針を閣議決定いたしました。具体的には、来年度は資産所得十倍増⑨アクションプラン元年とし、一対十の交換率で、円とJXPを一斉交換することとしており、一円は十JXPとなるわけでございまして、いっきに国民資産は十倍になるわけでございます。二十世紀の名残である「通貨」を二十一世紀にふさわしい「ポイント」にバージョンアップするという、この大胆で革新的な⑩イニシアティブはジャパンモデルとして、日本が世界に誇れるキャッシュレス時代のグローバルスタンダードとなることを期待したいと思います。

集まった記者たちから聞こえたのは「⑪アンビリバボー！」というたったひと声であった。

★＝私の考えだした政党名を勝手にくすねたんですね。

選択肢

（イ）柔軟
（ロ）計画
（ハ）決意
（ニ）くふう
（ホ）ひさしぶりの
（ヘ）信じられない
（ト）早く
（チ）再教育
（リ）取り組み

（ヌ）私の考え方
（ル）転換

解答
①（ホ）　②（ル）　③（イ）　④（ニ）　⑤（チ）
⑥（ヌ）　⑦（ト）　⑧（ハ）　⑨（ロ）　⑩（リ）
⑪（ヘ）

おわりに

ぶっちゃけ、私には本書を書く資格はまったくありません。日本全国、津々浦々を探してみても、私ほど本書を書く資格のない人間を見つけるのは至難の技でしょう。

第一、日本語の母語話者でもエキスパートでもありません。長年、日本語と格闘してきたにもかかわらず、いまでも新聞をめくったり本を読んだりテレビを見たりしていると、知らない単語や表現に出くわさない日はありません。いちいち調べないと気がすまないたちなので、辞書はボロボロになるぐらいよく引いているし、愛用の電子辞書にはひびまで入っています。いまだに一介の日本語学習者という段階から抜けだせないでいるのです。おそらく永遠に抜けだせないでしょう（これも一種の幸せですが）。

おまけに、日本政治の専門知識は何もありません。その筋の学歴はというと、三十年以上前、カナダのトロント大学で受講した日本政治入門ぐらい。教科書は退屈だったから、ちゃんと最後まで読まなかったし（ドネリー先生、ごめんなさ～い！）。それをのぞけば、ニュースや国会中継をぼーっと見ながら得たなけなしの知識しかありません。「日本の政治家はずいぶんおもしろいことを言うんだ」と日ごろから感心することが多いのですが、本書はその漠然とした気持ちを自分なりに整理したものにすぎません。

「じゃ、政界語の第一人者だと豪語したうえに、その講師にまでなりすまして、われわれをだましたのか?!」とみなさんは問いつめたくなるかもしれません。

手のうちを明かすことになりますので、そうした細かい具体的なことに関してはお答えを差し控えさせていただきます。★

★＝このような逃げ口上の会話術は、本書の姉妹編『ニッポン政界語読本【会話編】――無責任三人称から永遠の未来形まで』で総合的・俯瞰的な観点からとりあげていますので、また「だまされた」と思って、ぜひご一読ください。

著者紹介

イアン・アーシー
Iain Arthy

カナダ人のフリー翻訳家、ことばオタク。1962年生まれ。1984年から3年間、日本の中学校で英会話講師を務めるとともに、日本語を独学で習得。現在、日本在住。翻訳のかたわら、古文書解読などの研究にいそしむ。漢字に目がなく、永遠の日本語学習者を自覚。古代ギリシア語オタクでもある。趣味は史跡巡り、筋トレ、スキンヘッドの手入れ。著書に、『怪しい日本語研究室』(新潮文庫)、『政・官・財(おえらがた)の日本語塾』『マスコミ無責任文法』(ともに中央公論新社)がある。本書は20年ぶりの著書となる。

ニッポン政界語読本【単語編】
ぼかし言葉から理念の骨抜き法まで

2023年12月20日　初版印刷
2024年 1 月30日　初版発行

著者　イアン・アーシー
イラスト　ひらのんさ
装幀　松田行正＋杉本聖士
組版　四幻社
発行所　株式会社太郎次郎社エディタス
東京都文京区本郷 3-4-3-8F　〒 113-0033
電話 03-3815-0605　FAX 03-3815-0698
http://www.tarojiro.co.jp/
電子メール　tarojiro@tarojiro.co.jp

編集担当　漆谷伸人
印刷・製本　シナノ書籍印刷

定価はカバーに表示してあります
ISBN978-4-8118-0865-9　C0095

姉妹編のご紹介

ニッポン政界語読本 会話編

無責任三人称から永遠の未来形まで

イアン・アーシー 著
ひらのんさ 絵

「誤解」の特殊用法、「させていただきます」言葉、選挙必勝の二人称、甘い未来形、答弁回避形、現在否定形、ニセ遂行文……。歴代センセイたちの悶絶発言を総教材化。楽しく学んで、手練手管の会話術を見抜く力を身につける。

四六判・160ページ・本体1600円＋税

ニッポン政界語読本【会話編】目次より　★人名は教材提供者。肩書きはすべて発言当時のもの

第1部　ふつうの日本語のふつうじゃない使い方

レッスン6 その他の文法事項

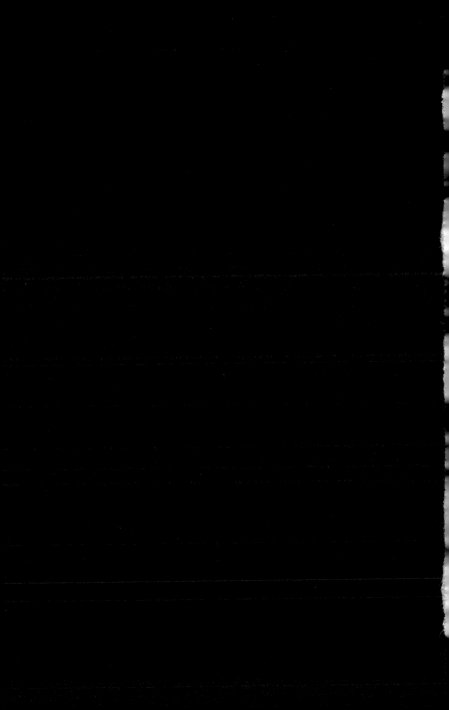